AF178328

STARK in KLASSENARBEITEN

Textaufgaben lösen

Walter Modschiedler

5.–7. Klasse

Inhaltsverzeichnis

Vorwort
So arbeitest du mit diesem Buch

Autor: Walter Modschiedler jun.

Vorwort

Liebe Schülerin, lieber Schüler,

schon beim Wort „Textaufgaben" läuft dir ein kalter Schauer über den Rücken? Dann ist dieses Buch genau das richtige für dich. Anhand einer ausführlichen **Schritt-für-Schritt-Anleitung** wird dir im ersten Kapitel genau erklärt, wie du an eine Textaufgabe herangehst. Im zweiten und dritten Kapitel kannst du dieses Wissen gleich bei Textaufgaben zu **Größen** oder aus der **Geometrie** anwenden.

Das Buch ist dabei folgendermaßen aufgebaut:

- Klar strukturierte **Erklärungen** vermitteln die Lerninhalte so, dass du sie wirklich verstehst und auch anwenden kannst.

- Zahlreiche **Aufgaben** helfen dir dabei, den neu gelernten Stoff zu festigen.

- **Tests** zur Selbstüberprüfung geben einen Überblick über deinen aktuellen Leistungsstand.

- Ausführliche **Lösungsvorschläge** sorgen dafür, dass du deine Rechenwege selbstständig kontrollieren und verbessern kannst.

Du wirst sehen, wenn du parallel zum Unterricht mit diesem Buch arbeitest, wird dir das Lösen von Textaufgaben schon bald viel leichter fallen und du kannst **stark in** deine nächste **Klassenarbeit** gehen!

Viel Spaß beim Üben und viel Erfolg bei deinen Klassenarbeiten wünscht dir

W. Modschiedl

Walter Modschiedler jun.

So arbeitest du mit diesem Buch

Jedes Kapitel in diesem Buch ist wie folgt aufgebaut:

- Wichtige Begriffe werden in **Wissenskästen** erklärt und im Anschluss durch anschauliche Beispiele verdeutlicht. Lies dir die Erklärungen und Rechnungen gut durch, damit du die folgenden Aufgaben selbstständig lösen kannst.

- Um dein Wissen zu sichern, stehen dir auf den folgenden Seiten zahlreiche **Aufgaben** zur Verfügung.

  Die Eule gibt dir an einigen Stellen **Tipps**, die dir bei der Lösung helfen. Lies sie am besten erst, wenn du alleine nicht weiterkommst.

  Besonders **knifflige** Aufgaben sind mit einem Stern gekennzeichnet. Lass dich nicht entmutigen, wenn du sie nicht auf Anhieb schaffst.

- Nachdem du ein großes Kapitel durchgearbeitet hast, kannst du dich an die **Tests** zur Überprüfung deines Leistungsstandes wagen. Aufgaben wie hier können dir auch in deiner nächsten Klassenarbeit begegnen. Versuche daher, den Test in der vorgegebenen Zeit und ohne weitere Hilfsmittel zu lösen. Die Punkteverteilung zeigt dir, wie gut du das Thema beherrschst:

  Du bist in diesem Themenbereich fit, gehe zum nächsten Kapitel über.

  Es sitzt noch nicht alles, wiederhole die für dich schwierigen Themen.

  Du hast noch größere Lücken, schaue dir alle Wissenskästen erneut an und arbeite die Aufgaben dazu noch einmal durch.

- Am Ende des Buches findest du zu allen Aufgaben ausführlich vorgerechnete **Lösungen**, mit denen du deine Ergebnisse überprüfen kannst. Versuche aber immer erst, die Aufgaben eigenständig zu bearbeiten, denn nur wenn du sie selbst rechnest, bleibt dir die Vorgehensweise im Gedächtnis. Danach solltest du deine Ergebnisse aber auf jeden Fall mit denen im Buch vergleichen, damit du siehst, ob dein Lösungsansatz richtig war.

Hier kannst du eintragen, wie gut du bei den Tests zu den einzelnen Kapiteln abgeschnitten hast. Auf diese Weise behältst du immer den **Überblick** über deinen aktuellen Leistungsstand.

Testergebnisse			
1 Textaufgaben lösen			
2 Textaufgaben lösen			
3 Sachrechnen mit Größen			
4 Sachrechnen mit Größen			
5 Textaufgaben aus der Geometrie			
6 Textaufgaben aus der Geometrie			

Textaufgaben lösen

Samuel ist ganz aufgeregt, er geht heute mit Lisa ins Kino. Nach der Schule verschlingt er in nur **10 Minuten** das Mittagessen und steht anschließend eine **dreiviertel Stunde** vor seinem Kleiderschrank, um zu überlegen, was er anziehen soll. Gerade rechtzeitig – um **15 Uhr** – wird er fertig und geht zum Bus.

Auf dem Weg der erste Schreck: „Habe ich auch genug Geld dabei, schließlich will ich Lisa einladen?" Hektisch kramt Samuel seinen Geldbeutel hervor. Er findet **zwei 1-€-** und **eine 2-€-Münze** sowie **ein paar Cent**. Bei den Scheinen tauchen **ein Zwanziger** und **ein Fünfer** auf. „Puh, dann kann ja nichts mehr schiefgehen", murmelt er. „Was kann nicht schiefgehen?", erwidert eine ihm wohlbekannte Stimme. Er blickt auf und bemerkt, dass er bereits an der Haltestelle angekommen ist. Vor ihm sitzt Lisa. „Ähm, nichts, hallo erst mal, oder so", stottert Samuel. „Du bist lustig!", kichert Lisa.

Als der Bus kommt, steigen die beiden ein und Samuel kauft **2 Fahrkarten** beim Busfahrer. „**3,60 €**!", grummelt dieser. Samuel zahlt mit seinem **Fünfer**. Wortlos händigt der Busfahrer die Karten und das Wechselgeld aus.

Kaum im Kino angekommen, flötet Lisa zum Leidwesen von Samuel: „Logenplätze wären schon cool." „Also gut. Dann Loge!", erwidert Samuel und bezahlt die **8 € pro Karte**. „Jetzt wird es aber eng mit dem Geld, wenn wir später noch zum Eisessen wollen", denkt er nur.

Lies die Geschichte mit „mathematischen Augen":
- Wie lange war Samuel zu Hause?
- Wann ist Samuel von der Schule nach Hause gekommen?
- Wie viel Geld hat Samuel noch für das Eisessen übrig?

2

1 Textaufgaben richtig lesen

Schwirrt dir von der Geschichte mit Samuel und Lisa schon der Kopf? So viele Zahlen, wie soll man da nur den Überblick behalten? Keine Angst! Wenn du **strukturiert** vorgehst, werden dir solche Aufgaben bald keine Probleme mehr bereiten.

WISSEN

In Textaufgaben verstecken sich die Angaben, die du zum Lösen der Aufgabe benötigst, im Text. Um diese Angaben zu finden, musst du mit „**mathematischen Augen**" lesen. Wichtige Textstellen solltest du **markieren**. Danach kannst du dir **notieren**, was du weißt und welche Werte **gesucht** sind.

BEISPIEL

Markiere bei folgender Aufgabe alle wichtigen Angaben und notiere sie.

Lösung:

Herr Vollath bereitet die Geburtstagsparty zum 12. Geburtstag seines Sohnes vor. Er kauft 3 Kästen Limonade mit je 12 Flaschen. Eine Flasche Limonade kostet 69 ct. An der Kasse kommen 15 ct Pfand pro Flasche und 1,50 € Pfand pro Kasten dazu. Herr Vollath bezahlt mit einem 50-€-Schein.
Wie viel Wechselgeld bekommt er?

Das weiß ich:

- 3 Kästen mit je 12 Flaschen
- Kosten pro Flasche: 69 ct (Preis) + 15 ct (Pfand) = 84 ct
- Pfand pro Kasten: 1,50 €
- bezahlt mit 50-€-Schein
- Wechselgeld ist gesucht

Manche Informationen sind für die Lösung **nicht wichtig**. Hier spielt z. B. das Alter des Sohnes keine Rolle.

1 Wer hat sinnvoll markiert? Begründe.

Kilian

Herr Schlaufuß macht mit seiner Familie einen Ausflug zur 12 km entfernten Wald-schenke. Er isst einen Caesarsalat für 6,90 €. Seine Frau bestellt eine Portion Pommes für 3,50 €. Die beiden Kinder wollen jeweils eine Currywurst für 5,60 €. Jeder trinkt eine Apfelschorle zu je 2,70 €. Herr Schlaufuß gibt dem Ober 35 € und meint: „Stimmt so!" Berechne das Trinkgeld.

Vertiefe dein Wissen!

Isabelle

Herr Schlaufuß macht mit seiner Familie einen Ausflug zur 12 km entfernten Wald-schenke. Er isst einen Caesarsalat für 6,90 €. Seine Frau bestellt eine Portion Pommes für 3,50 €. Die beiden Kinder wollen jeweils eine Currywurst für 5,60 €. Jeder trinkt eine Apfelschorle zu je 2,70 €. Herr Schlaufuß gibt dem Ober 35 € und meint: „Stimmt so!" Berechne das Trinkgeld.

Susanne

Herr Schlaufuß macht mit seiner Familie einen Ausflug zur 12 km entfernten Wald-schenke. Er isst einen Caesarsalat für 6,90 €. Seine Frau bestellt eine Portion Pommes für 3,50 €. Die beiden Kinder wollen jeweils eine Currywurst für 5,60 €. Jeder trinkt eine Apfelschorle zu je 2,70 €. Herr Schlaufuß gibt dem Ober 35 € und meint: „Stimmt so!" Berechne das Trinkgeld.

2 Unterstreiche alle wichtigen Angaben. Du brauchst nicht zu rechnen.

a Elena will zu ihrem 13. Geburtstag ihre 4 besten Freundinnen ins Schwimmbad einladen. Elenas Vater gibt ihr 35 € für die Feier. Eine Tageskarte kostet 4,50 €. Zusätzlich möchte Elena noch Eis für alle kaufen. Eine Portion kostet 1,80 €. Reicht das Geld?

b Frau Steinhuber kauft 1 kg Mehl. Sie benötigt 250 g davon für 14 große Pfannkuchen. Für einen Marmorkuchen benötigt sie weitere 550 g des Mehls. Jetzt möchte sie noch 4 Muffins backen. Reicht das Mehl, wenn sie für einen Muffin 45 g Mehl benötigt?

3 Stefan hat aus Versehen einige Tintenkleckse über seiner Hausaufgabe verteilt. Kann er die Textaufgabe trotzdem lösen? Erkläre.

Herr ⬥ plant einen neuen Auslauf für seine Hühner. ⬥ insgesamt 48 m Maschendrahtzaun. Ein m ⬥ kostet ⬥ 36,50 €. ⬥ benötigt er 16 Pfosten zu je 16 €. ⬥ die Kosten für den gesamten ⬥.

4 Pia hat sich 2 Textaufgaben für ihre Freundinnen ausgedacht.

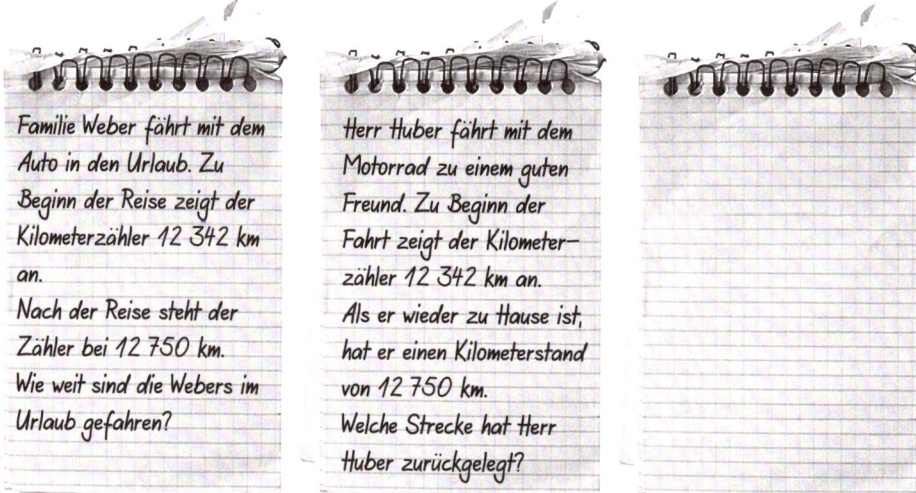

Familie Weber fährt mit dem Auto in den Urlaub. Zu Beginn der Reise zeigt der Kilometerzähler 12 342 km an.
Nach der Reise steht der Zähler bei 12 750 km.
Wie weit sind die Webers im Urlaub gefahren?

Herr Huber fährt mit dem Motorrad zu einem guten Freund. Zu Beginn der Fahrt zeigt der Kilometerzähler 12 342 km an.
Als er wieder zu Hause ist, hat er einen Kilometerstand von 12 750 km.
Welche Strecke hat Herr Huber zurückgelegt?

TIPP
Achte auf die Zahlen und den Zusammenhang.

a Was fällt dir auf, wenn du die Aufgaben vergleichst?

b Erfinde eine weitere Aufgabe, die zu den übrigen passt.

5 Lies zuerst die Textaufgabe genau. Kreuze dann an, ob die getroffenen Aussagen wahr, falsch oder für die Lösung der Aufgabe unwichtig sind.

> Songül will ihren 12. Geburtstag feiern. Sie lädt dazu ihre 8 besten Freundinnen sowie Maxi und Ahmed ein. Für Essen und Getränke plant sie mit Kosten von 4,50 € pro Person. In ihrem Sparschwein hat sie noch 23,50 €, von ihren Eltern bekommt sie 10 €. Ihre Oma meint: „Von mir bekommst du das Doppelte von dem, was dir deine Eltern geben!" Reicht das Geld für die Party?

Aussagen:	wahr	falsch	unwichtig
a Songül wird 12 Jahre alt.	☐	☐	☐
b Songül lädt insgesamt 8 Personen zur Party ein.	☐	☐	☐
c Auf der Party gibt es Essen und Trinken.	☐	☐	☐
d Die Party kostet pro Person 4,50 €.	☐	☐	☐
e Songül bekommt von ihren Eltern 23,50 €.	☐	☐	☐
f Songüls Oma ist total nett, weil sie ihr Geld gibt.	☐	☐	☐
g Songül bekommt von ihrer Oma 20 €.	☐	☐	☐

Vertiefe dein Wissen!

6 Lies die Textaufgabe genau.

Im Schlussverkauf macht Tamara einige Schnäppchen. Sie kauft eine Hose für 39,99 €, 2 Paar Schuhe zu je 23,50 € sowie einen Pullover für 36,80 €. Auf ihrer Kundenkarte hat sie noch 730 Treuepunkte (ein Treuepunkt entspricht einem Warenwert von 1 Cent).

a Berechne den Gesamtwert des Einkaufs.

b Wie hoch ist der Rabatt, wenn die Hälfte der Treuepunkte eingelöst werden?

c Tamara entschließt sich, die Hose doch nicht zu kaufen und alle Treuepunkte einzulösen. Wie viel muss sie insgesamt bezahlen?

TIPP
Manche Angaben werden für mehrere Teilaufgaben benötigt.

Welche der Angaben aus der Textaufgabe wird für welche Teilaufgabe benötigt? Verbinde richtig.

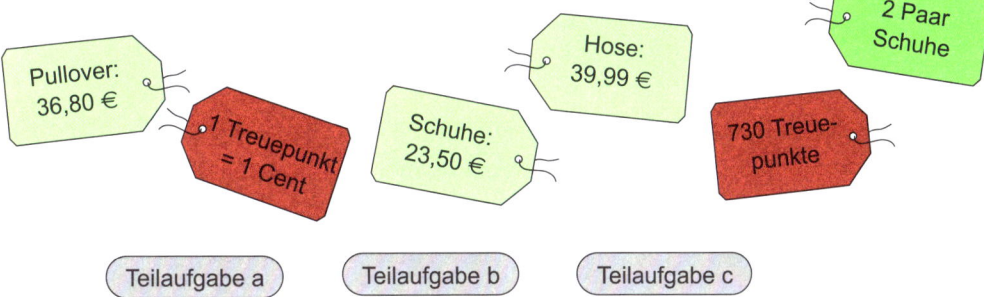

Pullover: 36,80 €

1 Treuepunkt = 1 Cent

Schuhe: 23,50 €

Hose: 39,99 €

2 Paar Schuhe

730 Treue-punkte

Teilaufgabe a   Teilaufgabe b   Teilaufgabe c

7 Diese Textaufgaben sind durcheinandergeraten. Kannst du sie wieder richtig zusammensetzen?

a Wie viel €

Am Monatsende sind

Frau Bergmann 2 100 € auf ihrem Konto.

Zu Monatsbeginn hatte

es noch 326 €.

hat Frau Bergmann ausgegeben?

b Wie viele kWh hat Herr Zitzelsberger

im abgelaufenen Jahr verbraucht?

der Zähler 16 135,5 kWh an.

Zu Jahresbeginn zeigte der Stromzähler

Am Jahresende zeigte

von Herrn Zitzelsberger 13 215,5 kWh an.

Vertiefe dein Wissen!

2 Diagramme und Schaubilder

In manchen Textaufgaben findest du Diagramme und Schaubilder, aus denen du die für die Lösung notwendigen Angaben herauslesen musst. Besonders häufig kommen **Säulen-** und **Balkendiagramme** vor. Aber auch **Preistafeln**, **Tabellen** oder **Fahrpläne** liefern dir oft wichtige Informationen.

WISSEN

Um wichtige Angaben aus einem Schaubild herauszulesen, gehe wie folgt vor:

- **Lies** die Aufgabe aufmerksam: Was ist gesucht?

- **Betrachte** das Schaubild genau: Wie lautet die **Überschrift**, was ist **dargestellt**?

- Achte bei Säulen- und Balkendiagrammen besonders auf die **Beschriftung** und **Einteilung der Achsen**.

BEISPIEL

a Das Balkendiagramm stellt die Einwohnerzahl verschiedener Städte dar. In welcher Stadt wohnen die meisten, in welcher Stadt wohnen die wenigsten Menschen und wie viele sind das jeweils?

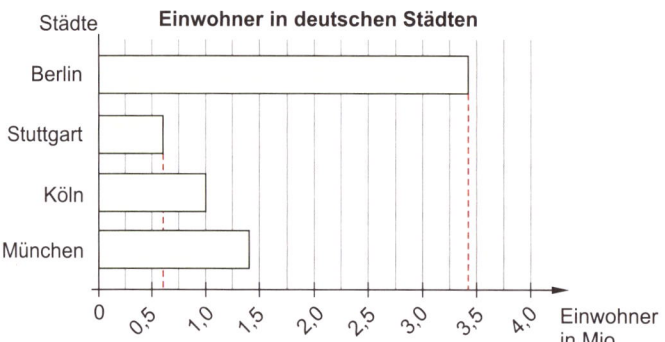

Lösung:

Die meisten Menschen leben in Berlin. Es sind etwa 3,4 Millionen.

Die wenigsten Einwohner leben in Stuttgart. Dort sind es ca. 0,6 Millionen.

Betrachte die Länge der Balken. Berlin hat den **längsten**, Stuttgart den **kürzesten** Balken.
Die Längsachse gibt die Anzahl der Einwohner **in Millionen** an.

Vertiefe dein Wissen!

b Das Säulendiagramm stellt das Ergebnis der letzten Klassenarbeit der 7a in Mathematik dar. Wie viele Schüler haben die Klassenarbeit mitgeschrieben?

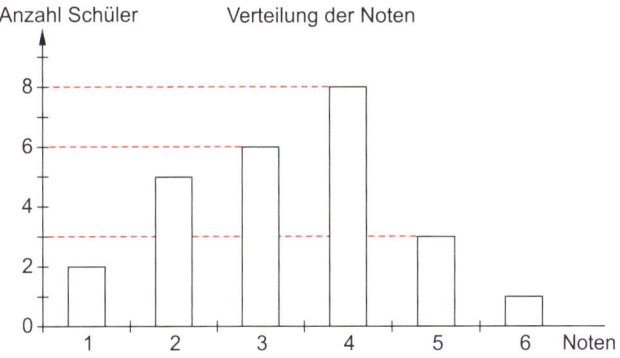

Lösung:

2 Schüler haben eine 1 geschrieben, **5** Schüler eine 2, **6** Schüler haben eine 3 bekommen, **8** Schüler eine 4, **3** Schüler eine 5 und **1** Schüler eine 6. Insgesamt haben also $2+5+6+8+3+1=25$ Schüler bei der Klassenarbeit mitgeschrieben.

Die **Längsachse** gibt die Noten an. Lies an der **Hochachse** jeweils die **Anzahl der Schüler** ab, die die jeweilige Note geschrieben haben.

8 Der Brennwert von Nahrungsmitteln wird in Kilokalorien (kcal) gemessen.

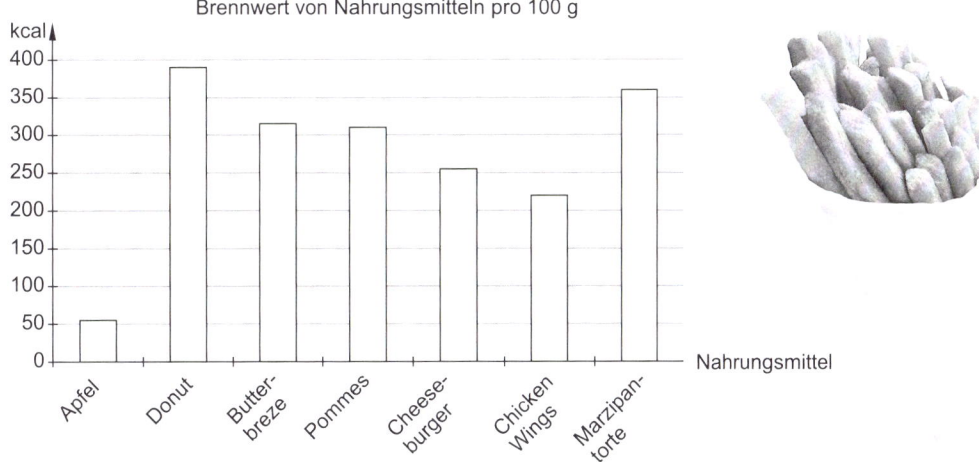

Brennwert von Nahrungsmitteln pro 100 g

TIPP
Verwende ein Lineal, um möglichst genau abzulesen.

a Lies ab, wie viele kcal 100 g Pommes haben.

b Ein 12-jähriger Junge sollte täglich ca. 2 500 kcal zu sich nehmen. Andreas isst auf einer Geburtstagsparty 200 g Chicken Wings, 200 g Pommes und ein Stück Marzipantorte (200 g). Sollte er sich noch ein zweites Stück Torte genehmigen?

9 Im abgebildeten Balkendiagramm sind die Einwohnerzahlen einiger europäischer Staaten dargestellt. Ordne die Staaten und Einwohnerzahlen richtig zu.

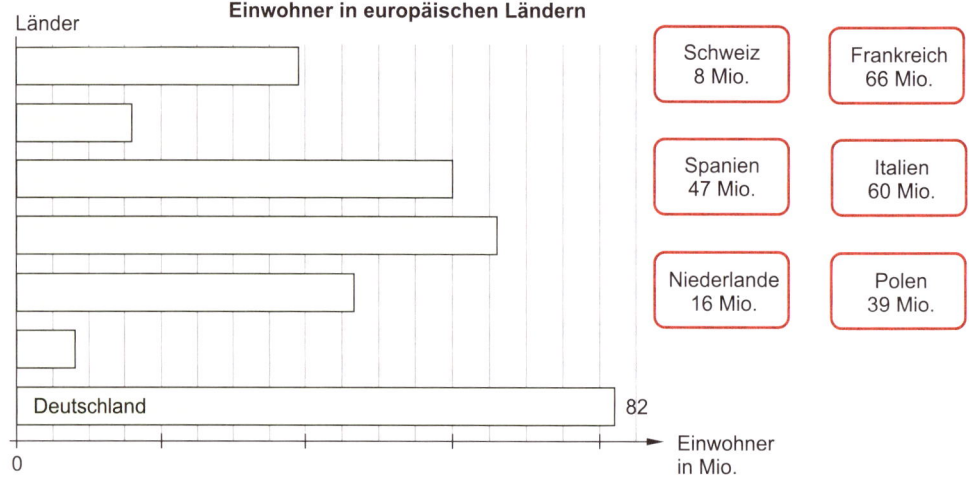

10 Dilara hat zu den Ergebnissen der letzten Klassenarbeit ein Diagramm erstellt.

Note Klasse	1	2	3	4	5	6
6a	2	4	6	7	3	2
6b	2	3	7	6	3	3
6c	2	4	5	7	3	2

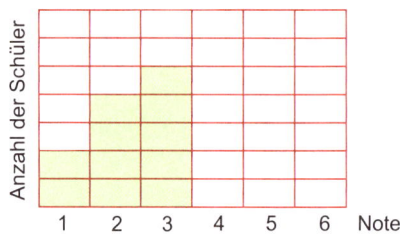

a Zu welcher Klasse passt das angefangene Diagramm?

b Vervollständige das Diagramm.

11 Das Diagramm zeigt die Länge von 4 Flüssen. Dabei ist Fluss A am längsten, Fluss B ist am kürzesten. Fluss C ist länger als Fluss D. Wie lange ist Fluss C?

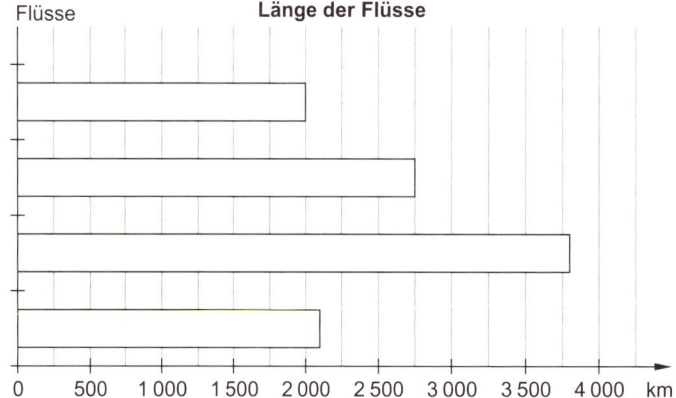

12 Die Tabelle enthält Informationen über die Schülerinnen und Schüler der Robert-Bosch-Schule. Vervollständige die Spalten.

	Anzahl (grafisch)	Anzahl
Gesamtschülerzahl		
Jungen		
Mädchen		
evangelisch		116
katholisch		33
islamisch		21

TIPP

Runde auf ganze Zehner.

☺ entspricht 10 Schülern

13 Mutter und Vater Thalmann wollen mit ihren Kindern Katja (11 Jahre) und Sven (13 Jahre) 6 Stunden in der „Königstherme Bad Abendrot" bleiben.

Königstherme Bad Abendrot

Eintrittspreise

Einzelkarten (2 Stunden):
Erwachsene .... 4,50 €
Kinder unter 12 Jahren .... 3,00 €

Tageskarten:
Erwachsene .... 12,50 €
Kinder unter 12 Jahren .... 8,50 €

Familien-Tageskarten:
2 Erwachsene und 2 Kinder
unter 12 Jahren .... 35,00 €

Bei den Einzelkarten kostet jede weitere angefangene Stunde 2,00 €.
Berate die Familie, welche Eintrittskarten sie kaufen sollte, um möglichst wenig zu bezahlen.

Vertiefe dein Wissen!

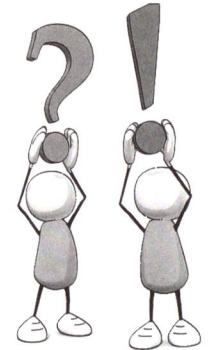

3 Kleines Wörterbuch

Viele Begriffe, die in Textaufgaben vorkommen, sind dir auf den ersten Blick vielleicht nicht geläufig. Das **Verstehen** dieser Ausdrücke ist aber für das richtige Lösen der Aufgabe sehr wichtig.

WISSEN

Die folgenden Begriffe beschreiben die 4 **Grundrechenarten**:

- Addition, **+** (addieren, Summe)
- Subtraktion, **−** (subtrahieren, Differenz)
- Multiplikation, **·** (multiplizieren, Produkt)
- Division, **:** (dividieren, Quotient)

BEISPIEL

a Addiere die Zahlen 456 und 344.

Lösung:
$456 + 344 = 800$ Addieren: „**+**"

b Bilde den Quotienten aus 625 und 25.

Lösung:
$625 : 25 = 25$ Quotient: „**:**"

c Multipliziere 5 mit 40 und subtrahiere vom Ergebnis 63.

Lösung:
$5 \cdot 40 - 63 = 200 - 63 = 137$ Multipliziere: „**·**"
Subtrahiere: „**−**"

14 Schreibe jeweils den Ansatz auf und löse die Aufgaben.

a Bilde die Summe aus den Zahlen 189 und 211.

b Subtrahiere von 1 000 die Zahl 555.

TIPP
Setze Klammern, falls nötig.

c Addiere die Zahlen 12 und 28 und multipliziere das Ergebnis mit 40.

d Bilde die Differenz aus 57 und 9 und dividiere das Ergebnis durch 8.

e Addiere 12 und 78 und subtrahiere davon die Differenz aus 78 und 12.

  Vertiefe dein Wissen!

Weitere **wichtige Begriffe**, die dir beim Lösen von Textaufgaben helfen, findest du nachfolgend im „kleinen Wörterbuch". Lerne die Begriffe wie **Vokabeln** im Englischunterricht. Du kannst auch selbst Begriffe ergänzen.

Textaufgabe	„Deutsch"	Beispiel
verdoppeln (verdreifachen, vervierfachen …)	mit 2 (3, 4 …) multiplizieren	Pauls Taschengeld wird verdoppelt (verdreifacht, vervierfacht, …).
halbieren	durch 2 dividieren	Der Preis des Handys wird halbiert.
Rabatt (Ermäßigung, Preisnachlass, Reduzierung)	Verminderung eines Preises um einen bestimmten Betrag	Sonja bekommt auf den Preis der Hose 35 € Rabatt.
Mehrwertsteuer (MwSt.)	Aufschlag des Staates auf jeden Preis (Warenwert, Arbeitslohn)	Ein Computerspiel kostet 50 €. Hinzu kommen 9,50 € MwSt.
zuzüglich (zzgl.)	ein Betrag wird zum Preis addiert	Die Kamera kostet 99,99 € zzgl. der Versandkosten von 4,50 €.
inklusive (inkl.)	(im Preis) bereits enthalten	Ein neuer Sommerreifen kostet 176 € inkl. MwSt.
wöchentlich (monatlich, jährlich)	jede Woche (jeden Monat, jedes Jahr)	Doris bekommt wöchentlich 3,50 € Taschengeld.
14-tägig	alle 2 Wochen	Für eine 14-tägig erscheinende Zeitschrift gibt Susanne 4,20 € aus.
pro Tag (pro Stunde …)	für jeden Tag (für jede Stunde …)	Aylin verdient 8,50 € pro Stunde.
pro Person	für jede Person	Der Eintritt kostet 9 € pro Person.
je	für jedes Teil	Tom kauft 5 Kiwis zu je 59 ct.
2-köpfig (3-köpfig, 4-köpfig …)	Anzahl der Personen (2, 3, 4 …)	Jedes Mitglied der 4-köpfigen Familie bestellt eine Apfelschorle.
Monatsrate	Teilbetrag, der monatlich gezahlt wird	Herr Gashi bezahlt seinen Fernseher in 12 Monatsraten zu je 56 €.
Leergewicht	Gewicht eines Fahrzeugs ohne Ladung	Ein Lkw hat ein Leergewicht von 5,3 t.
maximale Zuladung	Gewicht, das geladen werden darf	Die maximale Zuladung eines Ruderbootes beträgt 400 kg.

Vertiefe dein Wissen! ───

15 Schreibe die Rechnung auf und löse sie.

a Verdreifache die Summe aus 48 und 34.

b Bilde die Differenz aus 672 und 276 und halbiere das Ergebnis.

c Subtrahiere 10 von 57 und vervierfache die Differenz.

d Addiere 33 und 22 und vervielfache das Ergebnis mit 8.

16 Welche Rechenart musst du jeweils verwenden? Achte auf die unterstrichenen Begriffe und kreuze richtig an.

		+	−	·	:
a	Ein Tablet kostet 218 €. Es <u>verbilligt</u> sich um 39 €.	☐	☐	☐	☐
b	Der Preis für Benzin hat sich in den letzten 40 Jahren fast <u>vervierfacht</u>. Damals hat ein Liter 40 ct gekostet.	☐	☐	☐	☐
c	Die Kinokarten für Kinder unter 14 Jahren kosten 4,50 €. Sie sollen sich um 1,50 € <u>verteuern</u>.	☐	☐	☐	☐
d	Durch die neue U-Bahn-Linie hat sich die Fahrzeit von 46 Minuten <u>halbiert</u>.	☐	☐	☐	☐
e	Der Eintritt in den Wildwasserpark kostet 9,50 € <u>pro Person</u>.	☐	☐	☐	☐

17 Das Nilpferd möchte dicker werden und frisst nur Begriffe, die mit Addition und Multiplikation zu tun haben. Das Zebra achtet auf seine schlanke Linie und frisst nur Begriffe, die mit Subtraktionen und Division zu tun haben. Verbinde richtig.

verzehnfachen   Rabatt   verteuern   erhöht sich   reduzieren

abzüglich

verbilligen

pro Person   halbieren

zuzüglich   Preisnachlass

Preiserhöhung   Ermäßigung

18 Chiara kommt mit ihren Gedanken zur folgenden Textaufgabe nicht weiter. Kannst du ihr helfen?

> Herr und Frau Taubmann gehen mit ihren 3 Kindern ins Kino. Der Eintritt kostet 9,50 € pro Person. Kinder bekommen 2,50 € Rabatt. Vor der Vorstellung kauft Herr Taubmann 4 Portionen Popcorn zu je 2,80 € sowie einen Familienbecher Cola für 6,50 €. Wie teuer kommt der Kinobesuch?

„Rabatt" bedeutet, dass ich 2,50 € vom Eintrittspreis _____ muss.

„Pro Person" bedeutet, dass ich die Anzahl der Personen mit dem Eintrittspreis _____ muss.

„Zu je 2,80 €" bedeutet, dass ich den Preis für einmal Popcorn mit der Anzahl _____ muss.

19 Berechne die Aufgaben und trage die Ergebnisse in die Kästen ein. Wenn du alles richtig gelöst hast und die Ergebnisse addierst, erhältst du eine runde Zahl.

a Sina möchte ein Paar Schuhe für 35 € kaufen. Sie bekommt einen Preisnachlass von 12 €. Wie viel kosten die Schuhe jetzt?

b Eine Kinokarte kostet 8 €. Am Super-Kino-Mittwoch halbiert sich der Preis. Wie viel kostet eine Karte dann?

c Herr Schwer kauft sich 8 DVDs zu je 12 €. Wie viel muss er an der Kasse bezahlen?

d Eine Waschmaschine zum Preis von 880 € verbilligt sich um 230 €. Berechne den neuen Preis.

e Herr Götze kauft im Internet einen Rasierapparat für 79 € zzgl. 4 € Versand. Wie teuer kommt der Rasierapparat?

f Der Eintritt in den Zoo kostet 6 € pro Person. Wie viel muss eine 24-köpfige Gruppe bezahlen?

Vertiefe dein Wissen! ⟶

20 Achtung, umgekehrte Bedeutung! Gib an, wer die folgende Aufgabe richtig versteht:

> Nach einer Preiserhöhung von 26 € kostet ein Paar Schuhe jetzt 72 €. Berechne den ursprünglichen Preis.

Vincent: „Das ist doch klar: Das steht etwas von einer Preiserhöhung, also muss ich 26 € + 72 € rechnen."

Thorsten: „Ich weiß nicht. Ich würde sagen, dass 26 € der ursprüngliche Preis ist."

Ysra: „Ich glaube, wenn die Schuhe jetzt 72 € kosten, dann muss man davon die Erhöhung (26 €) abziehen, um den ursprünglichen Preis zu erhalten."

21 Löse die folgenden Aufgaben.

TIPP
Wörter wie „ursprünglich" können die Bedeutung eines Begriffs ändern.

a Nach einer Preissenkung von 60 € kostet ein Smartphone jetzt 179 €. Berechne den ursprünglichen Preis.

b Durch jahrelange Forschung konnte eine Elektronikfirma die Masse für einen Akku halbieren. Der Akku wiegt jetzt nur noch 279 g. Berechne die ursprüngliche Masse.

c Auf einen Lieferwagen wird eine Maschine mit einer Masse von 2 300 kg aufgeladen. Jetzt wiegt der Wagen 7 250 kg. Berechne sein Leergewicht.

22 **Nur heute: „15 € Rabatt auf alle Leitern!**
20 € auf Ihren gesamten Einkauf*!"
*bei einem Einkaufswert über 200 €

a Berechne den reduzierten Preis für die Leiter.

b Berechne den ursprünglichen Preis der Bohrmaschine.

c Herr Tuschel kauft eine Bohrmaschine, 3 Pinsel und 3 Farbeimer zu je 24 €. Wie viel muss er an der Kasse bezahlen?

Vertiefe dein Wissen!

4   Ergebnisse überprüfen

Manchmal sieht man gleich auf den ersten Blick, ob die Lösung einer Textaufgabe stimmen kann oder nicht. Ein neues Auto, das 24,50 € kosten soll, ist sicher genauso **unrealistisch** wie eine Person, die 45 m groß ist.

WISSEN

Überprüfe die Lösung deiner Textaufgabe genau:

- Ist der **Zahlenbereich**, in dem sich die Lösung befindet, realistisch?
- Ist die richtige **Einheit** angegeben?
- Führt eine **Überschlagsrechnung** zu einem ähnlichen Ergebnis?

BEISPIEL

Thomas, Nelli, Dimitri und Hannah lösen die folgende Aufgabe:

> Frau Poisl betankt ihren Wagen. Ein Liter Kraftstoff kostet 1,44 €.
> Sie bezahlt mit einem 50-€-Schein und bekommt 3,92 € zurück.
> Wie viele Liter Kraftstoff hat Frau Poisl getankt?

Thomas Lösung: 3,7 ℓ	Nellis Lösung: 32 ℓ
Dimitris Lösung: 72 ℓ	Hannahs Lösung: 35 $h\ell$

Begründe ohne zu rechnen, wer die Aufgabe richtig gelöst hat.

Lösung:
- Thomas Lösung ist falsch, weil man für knapp 50 € sicher viel mehr Kraftstoff bekommt.
- Dimitris Lösung ist falsch, weil 72 · 1,44 € überschlägig gerechnet mehr als 50 € ergibt.
- Hannahs Lösung ist falsch, weil 35 $h\ell$ (Hektoliter) niemals in den Tank eines Autos passen.
- Nellis Lösung ist realistisch und muss daher richtig sein.

23 Betrachte die Aussagen zu den verschiedenen Themengebieten. Jeweils eine der Aussagen ist sicher falsch. Streiche sie durch.

a Shoppen:

Der Pullover kostet 0,80 €.

Tom bekommt 8,45 € Rabatt.

Frau Ott bezahlt insgesamt 45,98 €.

Vertiefe dein Wissen!

b Handyvertrag:

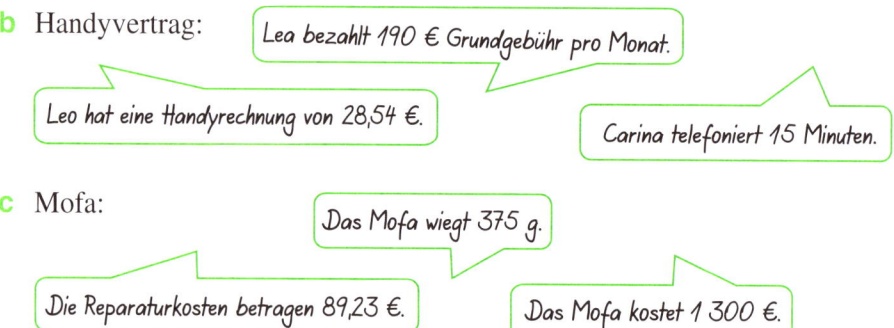

Lea bezahlt 190 € Grundgebühr pro Monat.

Leo hat eine Handyrechnung von 28,54 €.

Carina telefoniert 15 Minuten.

c Mofa:

Das Mofa wiegt 375 g.

Die Reparaturkosten betragen 89,23 €.

Das Mofa kostet 1 300 €.

24 Oft erkennst du schon am Thema einer Aufgabe, in welcher Größenordnung die Ergebnisse vermutlich liegen. Ordne richtig zu.

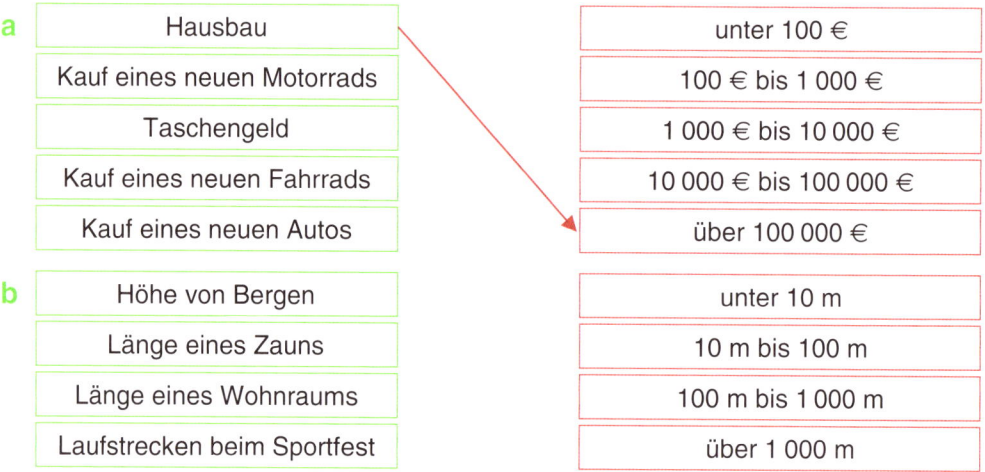

a

Hausbau	unter 100 €
Kauf eines neuen Motorrads	100 € bis 1 000 €
Taschengeld	1 000 € bis 10 000 €
Kauf eines neuen Fahrrads	10 000 € bis 100 000 €
Kauf eines neuen Autos	über 100 000 €

b

Höhe von Bergen	unter 10 m
Länge eines Zauns	10 m bis 100 m
Länge eines Wohnraums	100 m bis 1 000 m
Laufstrecken beim Sportfest	über 1 000 m

25 Hier wurden bei der Berechnung Fehler gemacht. Streiche die falschen Lösungen durch und begründe deine Entscheidung.

a Der ICE 584 fährt von München Hbf. nach Hamburg Hbf.
Berechne die Fahrzeit von München nach Hamburg.

Lisas Lösung: 35 h 54 min

Ahmeds Lösung: 38 min

Paulas Lösung: 5 h 38 min

Bahnhof	Uhrzeit
München Hbf.	15:16
Ingolstadt Hbf.	16:00
Nürnberg Hbf.	16:33
Würzburg Hbf.	17:29
Fulda	18:03
Kassel-Wilhelmshöhe	18:36
Göttingen	18:56
Hannover Hbf.	19:36
Hamburg-Harburg	20:44
Hamburg Hbf.	20:54

Vertiefe dein Wissen!

b Die 11-jährige Michaela hat sich ein Rätsel ausgedacht: „Meine Eltern sind zusammen genau 6-mal so alt wie ich. Mein Papa ist 2 Jahre älter als meine Mama. Wie alt ist meine Mama und wie alt ist mein Papa?"

Maxis Lösung: Mama: 32 Jahre, Papa: 34 Jahre

Freds Lösung: Mama: 11 Jahre, Papa: 13 Jahre

Marias Lösung: Mama: 66 Jahre, Papa: 68 Jahre

26 Führe einen Überschlag durch und rechne dann genau.

TIPP
Runde so, dass du gut rechnen kannst.

a $716 + 881 =$

Überschlag:	genaues Ergebnis:
$700 + 900 =$	$\begin{array}{r} 716 \\ + 881 \\ \hline \end{array}$

b $2\,420 - 1\,697 =$

Überschlag:	genaues Ergebnis:

c $627 \cdot 39 =$

Überschlag:	genaues Ergebnis:

d $63 \cdot 75 - 586 =$

Überschlag:	genaues Ergebnis:

27 Welches Ergebnis gehört zu welcher Aufgabe? Rechne mit einem Überschlag.

Frau Siegloch kauft 3 Kästen Limo zu je 12 € und 4 Kästen Saft zu je 17 €.

Sebastian kauft eine neue Videokonsole für 199 €, einen Controller für 39 € und 2 Spiele zu je 45 €.

Frau Schubert hebt 400 € ab. Sie kauft sich ein Kleid für 178 € und Schuhe für 166 €.

104 €   456 €   568 €   174 €   56 €   328 €

Herr Winter bleibt für 6 Nächte in Dresden. Eine Übernachtung kostet 76 €.

Herr Schiedler benötigt 4 neue Sommer-reifen zu je 142 €.

Bärbel kauft sich ein neues Sofa. Es kostet 326 €. Sie bezahlt mit einem 500-€-Schein.

5   Textaufgaben lösen

In den vorherigen Kapiteln hast du die Grundlagen für das Lösen von Textaufgaben kennengelernt. Wenn du alle Schritte zusammenfasst, erhältst du einen **Lösungsplan**, mit dem dir die Berechnung der Aufgaben viel leichter fallen wird.

— WISSEN —

Textaufgaben löst man am besten **Schritt für Schritt**. Gehe dabei wie folgt vor:

1. Schritt: **Lies** die Aufgabe **genau** durch und mache dir erste Gedanken.

2. Schritt: **Markiere** wichtige Angaben und **notiere**, was gegeben und was gesucht ist.

3. Schritt: Überlege dir einen **Lösungsweg** und berechne die Aufgabe.

4. Schritt: **Überprüfe** deine Lösung und mache eine Überschlagsrechnung.

5. Schritt: Schreibe einen **Antwortsatz**.

BEISPIEL

Herr Kronthaler fährt zusammen mit 3 Bekannten für 4 Tage zum Angeln. Sein Pkw hat ein Leergewicht von 1 300 kg und ein zulässiges Gesamtgewicht von 1 850 kg. Pro Person rechnet Herr Kronthaler mit einer Masse von 85 kg. Jeder nimmt einen Koffer (15 kg) und einen Rucksack (7 kg) mit. Außerdem werden noch 2 große Kühltruhen mit jeweils 13 kg eingeladen. Die gesamte Angelausrüstung wiegt 17 kg.
Überschreitet Herr Kronthaler das zulässige Gesamtgewicht seines Pkws?

Lösung:

1. Schritt: Lesen und Verstehen

Mache dir erste **Gedanken** zur Aufgabe. Worum geht es? Was ist gesucht?

✓ Es geht um Massen ⇒ auf die Einheiten achten
✓ Die Frage ist, ob das Auto zu schwer wird.

2. Schritt: Markieren und Notizen machen

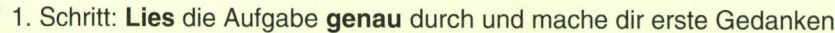

4 Personen

Herr Kronthaler fährt zusammen mit 3 Bekannten für 4 Tage zum Angeln. Sein Pkw hat ein Leergewicht von 1 300 kg und ein zulässiges Gesamtgewicht von 1 850 kg. Pro Person rechnet Herr Kronthaler mit einer Masse von 85 kg. Jeder nimmt einen Koffer (15 kg) und einen Rucksack (7 kg) mit. Außerdem werden noch 2 große Kühltruhen mit jeweils 13 kg eingeladen. Die gesamte Angelausrüstung wiegt 17 kg.
Überschreitet Herr Kronthaler das zulässige Gesamtgewicht seines Pkws?

 Vertiefe dein Wissen!

Das weiß ich:

- ✓ 4 Personen je 85 kg
- ✓ 4 Rucksäcke je 7 kg
- ✓ Angelausrüstung 17 kg
- ✓ zulässiges Gesamtgewicht 1 850 kg

- ✓ 4 Koffer je 15 kg
- ✓ 2 Kühltruhen je 13 kg
- ✓ Leergewicht Pkw 1 300 kg
- ✓ gesucht: gesamte Zuladung

 3. Schritt: Aufgabe lösen

zulässige Zuladung des Pkws:
1 850 kg − 1 300 kg = 550 kg

Masse der Ladung:

$$85\ kg \cdot 4 = \quad 340\ kg \quad \text{(Personen)}$$
$$15\ kg \cdot 4 = \quad \ 60\ kg \quad \text{(Koffer)}$$
$$7\ kg \cdot 4 = \quad \ 28\ kg \quad \text{(Rucksäcke)}$$
$$13\ kg \cdot 2 = \quad \ 26\ kg \quad \text{(Kühltruhen)}$$
$$\underline{+ \ 17\ kg} \quad \text{(Angelausrüstung)}$$
$$471\ kg \quad \text{(gesamte Ladung)}$$

Vergleich mit zulässiger Zuladung:
550 kg > 471 kg

Kombiniere deine Notizen zur Lösung.

Arbeite **übersichtlich**, z. B. mit Teilüberschriften.

 4. Schritt: Lösung überprüfen

- ✓ Die gesamte Ladung ist berechnet (Personen, Koffer, Rucksäcke, …).
- ✓ Das Ergebnis liegt im richtigen Größenbereich und klingt sinnvoll.
- ✓ Überschlag:
  mögliche Zuladung: 1 800 kg − 1 300 kg = 500 kg
  erreichte Zuladung: 100 kg · 4 + 10 kg · 4 + 15 kg · 2 + 20 kg = 490 kg

Gehe deine Lösung Schritt für Schritt durch und überprüfe sie auf **Vollständigkeit** und **Sinnhaftigkeit**.

 5. Schritt: Antwortsatz formulieren

Herr Kronthaler überschreitet die Zuladung seines Pkws nicht.

Lies noch einmal in der Aufgabe nach, **was gefragt** war.

Diese **Checkliste** hilft dir beim Lösen von Textaufgaben:

Arbeitsschritt	Check!
Aufgabe aufmerksam durchlesen und Gedanken machen	☐
Wichtiges markieren und Notizen machen	☐
Überlegungen und Notizen zur Lösung kombinieren	☐
Lösung auf Vollständigkeit und Sinnhaftigkeit überprüfen	☐
Antwortsatz formulieren	☐

Vertiefe dein Wissen!

28 Ariane, Miroslav und Paula haben die folgende Textaufgabe unterschiedlich gelöst. Wer rechnet richtig?

Mesut stellt sich einen neuen Zug für seine Modelleisenbahn zusammen.
Er kauft einen Postwaggon, einen Speisewaggon, 6 Personenwaggons und eine Lokomotive.
Ein Waggon kostet 15 €, die Lokomotive kostet 70 €.
Weil er Stammkunde ist, bekommt er 12 € Rabatt.
Reicht Mesuts Geld, wenn sich seine Ersparnisse auf 180 € belaufen?

Ariane:

Das weiß ich:
- 8 Waggons
- 15 € pro Waggon
- Lokomotive: 70 €
- Rabatt: 12 €

Rechnung:
- Preis Waggons: 8 · 15 € = 120 €
- Gesamtpreis: 120 € + 70 € = 190 €
- Rabatt: 190 € + 12 € = 202 €

Antwort: Mesuts Geld reicht nicht für den neuen Zug.

Miroslav:

Das weiß ich:
- 6 Waggons
- 15 € pro Waggon
- Lokomotive: 70 €
- Rabatt: 12 €

Rechnung:
- Preis Waggons: 6 · 15 € = 90 €
- Gesamtpreis: 90 € + 70 € = 160 €
- Rabatt: 160 € – 12 € = 148 €

Antwort: Mesuts Geld reicht für den neuen Zug.

Paula:

Das weiß ich:
- 8 Waggons
- 15 € pro Waggon
- Lokomotive: 70 €
- Rabatt: 12 €

Rechnung:
- Preis Waggons: 8 · 15 € = 120 €
- Gesamtpreis: 120 € + 70 € = 190 €
- Rabatt: 190 € – 12 € = 178 €

Antwort: Mesuts Geld reicht für den neuen Zug.

Vertiefe dein Wissen!

29 Löse die folgende Textaufgabe Schritt für Schritt mithilfe der Aufgaben a bis e.

Die Marktgemeinde Lerchenau stellt der ansässigen Schule 10 200 € für neue Anschaffungen zur Verfügung. Von dem Geld sollen 5 Multimedia-Laptops zu je 895 € und 7 Beamer zu je 425 € angeschafft werden. Zusätzlich sollen 46 neue Mathebücher zu je 30 € gekauft werden.
Die Computer-Firma gewährt 80 € Rabatt pro Laptop und 35 € Rabatt je Beamer. Wie viel Geld bleibt für weitere Anschaffungen übrig?

a Lies die Aufgaben aufmerksam durch und sammle erste Gedanken.

✓ Rabatt nicht vergessen ✓

Das könnte wichtig werden!

✓ ✓

b Unterstreiche alle wichtigen Angaben und notiere sie.

c Löse die Aufgabe schrittweise.

d Gehe deine Rechnungen noch einmal konzentriert durch und kontrolliere mithilfe von Überschlagsrechnungen.

e Vergiss nicht, einen Antwortsatz zu formulieren.

30 Löse die folgende Textaufgabe nach demselben Schema wie Aufgabe 29:

Herr Samardzic macht sein Auto fit für den Winter: Zunächst tankt er 43 ℓ Autogas für 0,90 € pro Liter. Anschließend fährt er das Auto für 13 € durch die Waschanlage. Zuletzt besorgt er einen 5-ℓ-Kanister Wischwasser für 10 € und einen Liter Motoröl für 7 €.
Am Morgen hat Herr Samardzic 100 € abgehoben. Wie viel Geld bleibt ihm, um mit seiner Frau zum Mittagessen zu gehen?

31 Amir kauft sich ein neues Rennrad.
Er leistet eine Anzahlung von 210 € und bezahlt den Rest in 16 gleich großen Monatsraten.
Berechne die Höhe der Raten.

850 €

SONDERAKTION
Kein Preisaufschlag
bei Ratenzahlung

Vertiefe dein Wissen!

32 Herr und Frau Kohlmaier fahren mit ihren beiden Kindern für 5 Übernachtungen in den Skiurlaub. Eine Übernachtung kostet 72 € pro Person. Kinder zahlen den halben Preis. Weil Familie Kohlmaier schon zum 4. Mal in dem Hotel übernachtet, bekommt sie 50 € Stammkundenrabatt auf den gesamten Reisepreis.
Wie teuer kommt die Reise?

WISSEN

Es gibt verschiedene Möglichkeiten, Textaufgaben zu lösen. Neben dem schrittweisen Rechnen kannst du auch einen **Gesamtansatz** aufstellen oder einen **Rechenbaum** zeichnen.

BEISPIEL

Zum 12. Geburtstag bekommt Tanja von ihren Eltern 50 €. Von ihren 6 Tanten bekommt sie je 20 €. Im „Super-Elektroland" kauft sie sich von diesem Geld ein neues Smartphone für 119 €, eine Schutzhülle für 9 € und eine Guthaben-Karte zum Downloaden von Apps für 25 €.
Wie viel Geld bleibt Tanja übrig?

Lösung:

■ Gesamtansatz:

$$50 \text{ €} + 6 \cdot 20 \text{ €} - (119 \text{ €} + 9 \text{ €} + 25 \text{ €}) =$$
$$50 \text{ €} + 120 \text{ €} \quad - 153 \text{ €} =$$
$$170 \text{ €} \quad\quad\quad - 153 \text{ €} = \mathbf{17 \text{ €}}$$

Berechne zuerst, wie viel Geld Tanja von den **Eltern** und **Tanten** bekommt $(50 \text{ €} + 6 \cdot 20 \text{ €})$. Subtrahiere davon alle Ausgaben $(119 \text{ €} + 9 + 25 \text{ €})$.

Es bleiben 17 € übrig.

■ Rechenbaum:

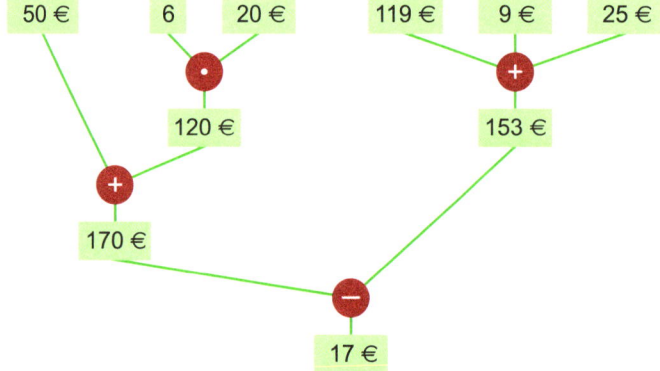

Es bleiben 17 € übrig.

33 Vervollständige jeweils den Rechenbaum und den Gesamtansatz. Berechne dann.

a Am Montag nach dem Bürgerfest steht Torben schon früh auf und sammelt weggeworfene Pfandflaschen ein. Er findet 7 Glasflaschen, die je 8 ct Pfand bringen, 13 Flaschen mit Bügelverschluss zu je 15 ct und 18 Plastikflaschen zu je 25 ct. Wie viel Geld bekommt Torben am Pfandautomaten?

Rechenbaum:

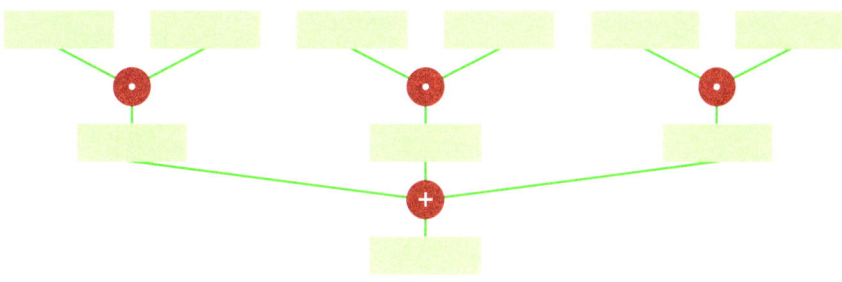

Gesamtansatz:

7 · _____ + _____ · 15 ct + _____ · 25 ct =

∗ b Eine Schule führt einen Spendenlauf für eine internationale Hilfsorganisation durch. Für jeden gelaufenen Kilometer bekommt die Schule 2 € von ortsansässigen Firmen. Die 170 Schüler der Unterstufe laufen je 2 km. Die 260 Schüler der Mittelstufe laufen je 3 km. Von den 48 Lehrkräften läuft jeder 5 km. Berechne das gesammelte Spendengeld, wenn davon 282 € für Getränke und 162 € für Energieriegel ausgegeben wurden.

Rechenbaum:

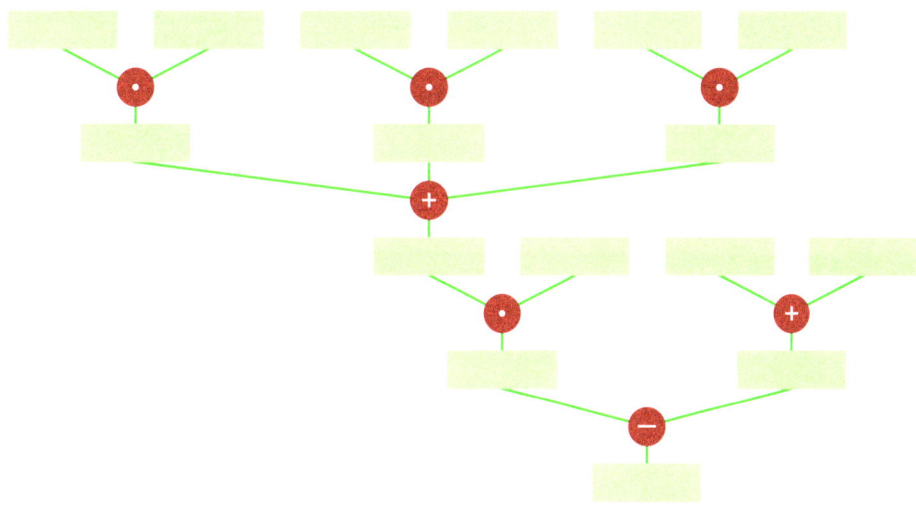

Gesamtansatz:

(170 · _____ + _____ · 3 + _____ · 5) · _____ € − (282 € + _____ €) =

Vertiefe dein Wissen!

34 Löse die Aufgaben mit einem Gesamtansatz und zeichne einen Rechenbaum dazu.

a Jonas stöbert auf dem Flohmarkt. Am Stand von Heiner kauft er 3 CDs, ein PC-Spiel und 4 Bücher.
Wie viel muss er bezahlen?

b Aus einem Kanister, der 150 ℓ Limonade fasst, wurden bereits 32 ℓ abgezapft.
Wie viele 2-ℓ-Krüge können jetzt noch gefüllt werden?

> **Mach Schnäppchen bei Heiner**
>
> | | |
> |---|---|
> | jedes Buch | 2 Euro |
> | jede CD | 3 Euro |
> | jedes PC-Spiel | 4 Euro |
> | jede Schallplatte | 5 Euro |

* c Herr Meinhart ist mit einem Arbeitskollegen zum Abendessen beim Italiener. Beide essen eine Portion Spaghetti Diavolo für 7 € und trinken je 2 Apfelschorlen für 3 €. Herr Meinhart hat einen Gutschein dabei, mit dem er 5 € Rabatt auf die Gesamtrechnung bekommt.
Wie viel muss jeder der beiden bezahlen, wenn sie den Betrag am Ende teilen?

35 Der Heizöltank eines Mehrfamilienhauses fasst 15 000 ℓ Heizöl. Als die neue Öllieferung kommt, ist er noch mit 2 500 ℓ gefüllt. Der Tankwagen pumpt pro Minute 250 ℓ nach.

a Berechne, wie lange es dauert, bis der Tank voll ist.

b Ein Liter Heizöl kostet 0,75 €. Für die Anfahrt berechnet die Firma pauschal 126 €. Wie teuer kommt das Auffüllen des Tanks?

c Tamara hat beide Aufgaben mit einem Rechenbaum gelöst. Leider ist ihr jeweils ein Fehler unterlaufen. Finde die Fehler und kreise ein, welche Zahlen in der Folge auch falsch sind.

Teilaufgabe a: Teilaufgabe b:

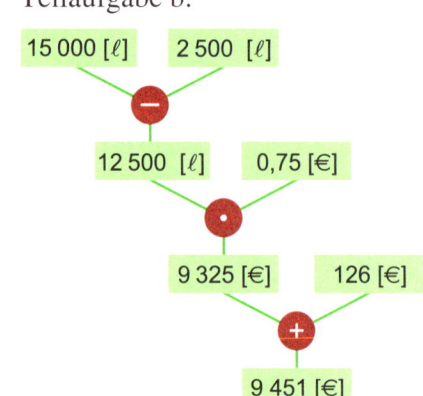

6 Textaufgaben mit dem Dreisatz lösen

„Herr Dolvic kauft auf dem Großmarkt 6 kg Tomaten für 19,50 €. Wie viel kosten dort 4 kg Tomaten?"

Bei dieser Textaufgabe werden 2 Größen (Kilogramm ⇒ Euro) **einander zugeordnet**. Kauft man doppelt oder 3-mal so viele Tomaten, muss man auch doppelt oder 3-mal so viel bezahlen.

WISSEN

Werden bei einer Textaufgabe 2 Größen einander so zugeordnet, dass die eine Größe **im selben Verhältnis** wächst wie die andere (je mehr von Größe 1, desto mehr von Größe 2), liegt eine **proportionale Zuordnung** vor. Man kann diese Aufgaben mit einem **Zweisatz** oder **Dreisatz** lösen.

BEISPIEL

Herr Dolvic kauft auf dem Großmarkt 6 kg Tomaten für 19,50 €.
Wie viel kosten dort 4 kg Tomaten?

Lösung:

$$
\text{Drei-}\left\{ \begin{array}{l} \text{Zwei-} \\ \text{satz} \end{array}\left\{ \begin{array}{r} :6\left(\begin{array}{rcl} 6\,\text{kg} & \triangleq & 19{,}50\,\text{€} \\ 1\,\text{kg} & \triangleq & 3{,}25\,\text{€} \end{array}\right):6 \\ \cdot 4\left(\begin{array}{rcl} 4\,\text{kg} & \triangleq & 13{,}00\,\text{€} \end{array}\right)\cdot 4 \end{array}\right.\right.
$$

Berechne zunächst, wie viel **1 kg** Tomaten kostet. **Dividiere** dazu auf beiden Seiten durch 6.
Den Preis für **4 kg** Tomaten erhältst du, indem du dann beide Seiten mit 4 **multiplizierst**.

4 kg Tomaten kosten 13,00 €.

36 Vervollständige die Dreisatz-Rechnungen.

a
$$:15\left(\begin{array}{rcl} 15\,\ell & \triangleq & 30\,\text{€} \\ 1\,\ell & \triangleq & 2\,\text{€} \end{array}\right):15$$
$$\cdot 12\left(\begin{array}{rcl} 12\,\ell & \triangleq & \end{array}\right)$$

b
$$\left(\begin{array}{rcl} 15\,\text{km} & \triangleq & 60\,\text{min} \\ 1\,\text{km} & \triangleq & \end{array}\right)$$
$$\left(\begin{array}{rcl} 6\,\text{km} & \triangleq & \end{array}\right)$$

c
$$\left(\begin{array}{rcl} 75\,\text{g} & \triangleq & 1{,}50\,\text{€} \\ 1\,\text{g} & \triangleq & \end{array}\right)$$
$$\left(\begin{array}{rcl} 250\,\text{g} & \triangleq & \end{array}\right)$$

d
$$\left(\begin{array}{rcl} 1\,200\,\text{g} & \triangleq & 6\,000\,\text{€} \\ 1\,\text{g} & \triangleq & \end{array}\right)$$
$$\left(\begin{array}{rcl} 420\,\text{g} & \triangleq & \end{array}\right)$$

37

TIPP

Hier hilft dir der Zweisatz weiter.

Hein ist Lehrling in einem Gasthaus und war heute im Großmarkt einkaufen. Sein Chef ist sauer, weil sich Hein nur die Endpreise und nicht die Kilopreise des Gemüses notiert hat. Kannst du helfen?

6 kg Bohnen	21 Euro
8 kg Kartoffeln	12 Euro
9 kg Karotten	18 Euro

Vertiefe dein Wissen!

38 Im Café „Prinzessin" kosten 100 g weiße Schokotrüffel 4 €. Linda kauft zum Valentinstag 300 g der Pralinen, Laurin kauft 600 g. Wie viel müssen die beiden jeweils bezahlen?

39 Herr Schiedler plant den Kauf eines Grundstücks. Im Internet findet er auf der Homepage einer Gemeinde das abgebildete Angebot.

Gemeinde Eichenzell

Grundstück zu verkaufen

Größe:
780 m²

Preis:
62 400 €

   a Berechne den Preis pro m².

   b Die Gemeinde bietet noch weitere Grundstücke zum Kauf an. Sie sind 840 m², 625 m² und 1 260 m² groß. Wie viel kosten die Grundstücke, wenn der Quadratmeterpreis der gleiche ist?

40 TIPP
Arbeite mit dem Dreisatz.

   Im Getränkemarkt kauft Lukas mit seinem Vater 2 Kästen Limonade mit jeweils 20 Flaschen. Sie bezahlen 24 € ohne Pfand. Wie viel kostet ein Sixpack derselben Limonade, wenn der Preis pro Flasche der gleiche ist?

41 Ein Kunde kauft auf dem Wochenmarkt 3 kg Äpfel für 7,50 €. Wie viel bezahlt eine Kundin, die 5 kg Äpfel derselben Sorte kauft?

42 Die 52 ℓ Benzin im Tank eines Pkws wiegen 39 kg.

   a Der Tank eines Rasenmähers fasst 3,5 ℓ. Wie viele kg wiegt eine Tankfüllung?

TIPP
1 000 kg = 1 t

   b Ein Tanklastwagen hat ein Leergewicht von 12,5 t. Berechne die Masse des Lkws, wenn er 12 300 ℓ Benzin geladen hat.

43 Der Benzinverbrauch von Fahrzeugen wird oft in Litern pro 100 km angegeben. Bei den folgenden Fahrzeugen sind jeweils die Tankgröße und die Reichweite mit einer Tankfüllung angegeben. Berechne, wie viel auf 100 km verbraucht wird.

8 ℓ
250 km

90 ℓ
600 km

600 ℓ
1 500 km

Vertiefe dein Wissen!

40 Minuten   **Test 1**

1 Eine Wetterstation stellt die gemessene Niederschlagsmenge im Laufe einer Woche in einem Schaubild dar:

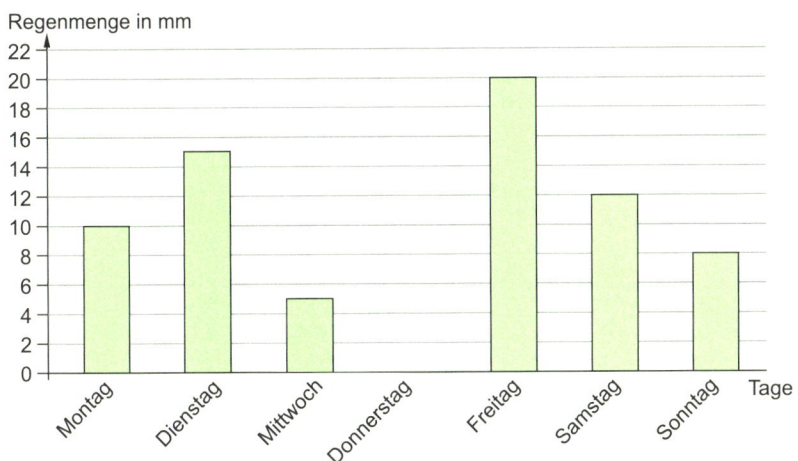

Sind die folgenden Aussagen wahr oder falsch? Kreuze an.

	wahr	falsch
Von Montag bis Donnerstag sind insgesamt 30 mm Regen gefallen.	☐	☐
Am Freitag ist mehr Regen gefallen als am Samstag und Sonntag zusammen.	☐	☐
Am Mittwoch ist am wenigsten Regen gefallen.	☐	☐
In der zweiten Wochenhälfte gab es mehr Niederschläge als in der ersten.	☐	☐

____ von 4

2 Verbinde die Aufgaben mit den richtigen Ergebnissen.

Addiere die Zahlen 10 und 15 und subtrahiere davon 24.	Subtrahiere 8 von 40 und verdopple das Ergebnis.	Halbiere die Zahl 50 und dividiere das Ergebnis durch 5.

5	65	24	64	1	28

Wie viel kosten 8 Ananas zu 3 € je Stück?	Vervierfache die Summe aus 5 und 2.	Eine Leiter kostet 80 € inkl. 15 € Mehrwertsteuer. Wie viel kostet die Leiter ohne MwSt.?

____ von 6

Teste dein Wissen! ⟶

3 Überlege nur, in welchem Größenbereich sich die Lösung der Aufgabe befindet. Führe dazu Überschlagsrechnungen durch.

a Die Talstation der Bayerischen Zugspitzbahn liegt auf einer Höhe von 705 m. Die Gipfelstation „Zugspitzplatt" liegt auf einer Höhe von 2 588 m. Wie viele m Höhenunterschied bewältigt die Zugspitzbahn?

___ von 1   Überschlag: _____

b Nils hat 200 € Taschengeld mit in das Ferienlager genommen. Nach 12 Tagen hat er noch 32 € übrig. Wie viel Geld hat Nils pro Tag ausgegeben?

___ von 2   Überschlag: _____

4 Elisa sieht täglich 55 min fern und spielt pro Tag 45 min an ihrer Videokonsole.

a Wie viele Stunden und Minuten verbringt sie pro Woche vor dem Bildschirm?

___ von 3

b Ihre Mutter sagt: „Du musst die Zeit vor dem Bildschirm halbieren."
Wie lange darf Elisa jetzt pro Woche noch fernsehen und Videospiele spielen?

___ von 1

5 Ein Güterzug besteht aus einer Lok der Länge 19 m, 14 Kesselwagen mit einer Länge von je 11 m, 8 Kohlewagen mit einer Länge von je 12 m sowie 5 Flachwagen der Länge 17 m. Berechne die Gesamtlänge des Zuges.

___ von 3

20 bis 15	14,5 bis 10	9,5 bis 0

So lange habe ich gebraucht: _____

So viele Punkte habe ich erreicht: _____

40 Minuten

Test 2

1 Frau Spielmann fährt mit dem Zug von München zu ihrem Schwiegersohn nach Burghausen. Am Telefon beschwert sie sich. Korrigiere ihre Aussagen.

Fahrplan München → Mühldorf		Fahrplan Mühldorf → Burghausen	
München Hbf.	13:02 (Gleis 11)	Mühldorf am Inn	14:26 (Gleis 2)
München Ost	13:12	Heiligenstatt	14:35
Dorfen	13:47	Burgkirchen	15:00
Mühldorf am Inn	14:11 (Gleis 4)	Burghausen	15:11

a „Da bin ich ja über 3 Stunden unterwegs."

Nein, du bist _____ .

b „In Mühldorf habe ich nicht einmal 5 Minuten Zeit zum Umsteigen!"

Nein, du hast _____ .

c „Es reicht, wenn du um 16:15 Uhr in Burghausen am Bahnhof bist!"

____ von 3   Nein, _____ .

2 Herr Althammer bringt seinen Kombi zum Kundendienst. Die Werkstatt führt einen Ölwechsel, einen Licht-Test und einen Abgastest durch. Berechne, wie viel Herr Althammer bezahlen muss.

	Preis	zzgl. MwSt.
Ölwechsel	84 €	16 €
Licht-Test	15 €	2,90 €
Abgastest	36 €	6,80 €

Abgastest inkl. MwSt. Heute halber Preis!!!

____ von 4

3 Peter und Willi pflastern einen 20 m langen Weg. Sie benötigen dafür 8 Stunden. Streiche falsche Aussagen durch.

Nach 2 Stunden haben Peter und Willi die halbe Strecke, also 10 m geschafft.

Für ein Wegstück der Länge 40 m hätten die beiden 4 Stunden gebraucht.

Wären sie zu viert gewesen, hätte sich die Arbeitszeit halbiert.

____ von 2   *Nach 2 Stunden waren 5 m des Weges gepflastert.*

Teste dein Wissen!

4 Ein Kasten Bio-Limonade mit 24 Flaschen kostet 24,30 €. Im Preis sind 1,50 €
Pfand für den Kasten sowie 15 ct Pfand je Flasche beinhaltet.

a Tino bringt einen Kasten Bio-Limonade mit leeren Flaschen zum Getränke-
händler. Wie viel Pfand bekommt er ausbezahlt?

_____ von 2

b Berechne, wie viel eine Flasche Bio-Limonade ohne Pfand kostet.

_____ von 2

c Wie viel kostet ein 6er-Pack mit Pfand?

_____ von 3

5 Das Firmenauto von Herrn Uwe benötigt 7 ℓ Diesel pro 100 km.
Am Montag fährt er zu einem Kunden eine Strecke von 167 km. Im Anschluss
fährt er zu einer Tagung, die 344 km entfernt ist. Von dort fährt er gegen 20 Uhr
289 km nach Hause.

a Wie viel Dieselkraftstoff hat Herr Uwe verbraucht?

_____ von 3

b Ein Liter Diesel kostet 1,38 €. Berechne die Spritkosten.

_____ von 1

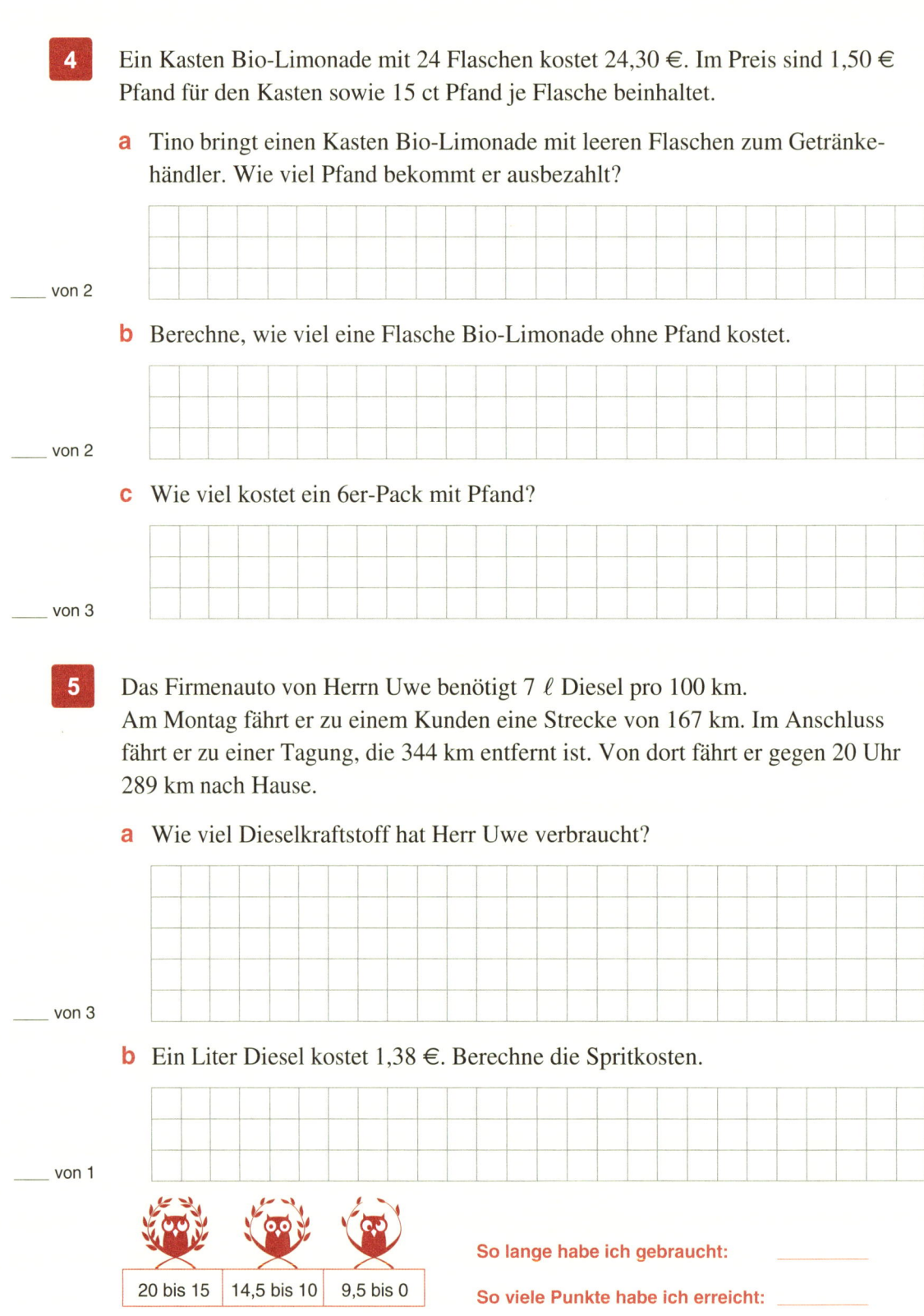

20 bis 15	14,5 bis 10	9,5 bis 0

So lange habe ich gebraucht: _____

So viele Punkte habe ich erreicht: _____

Sachrechnen mit Größen

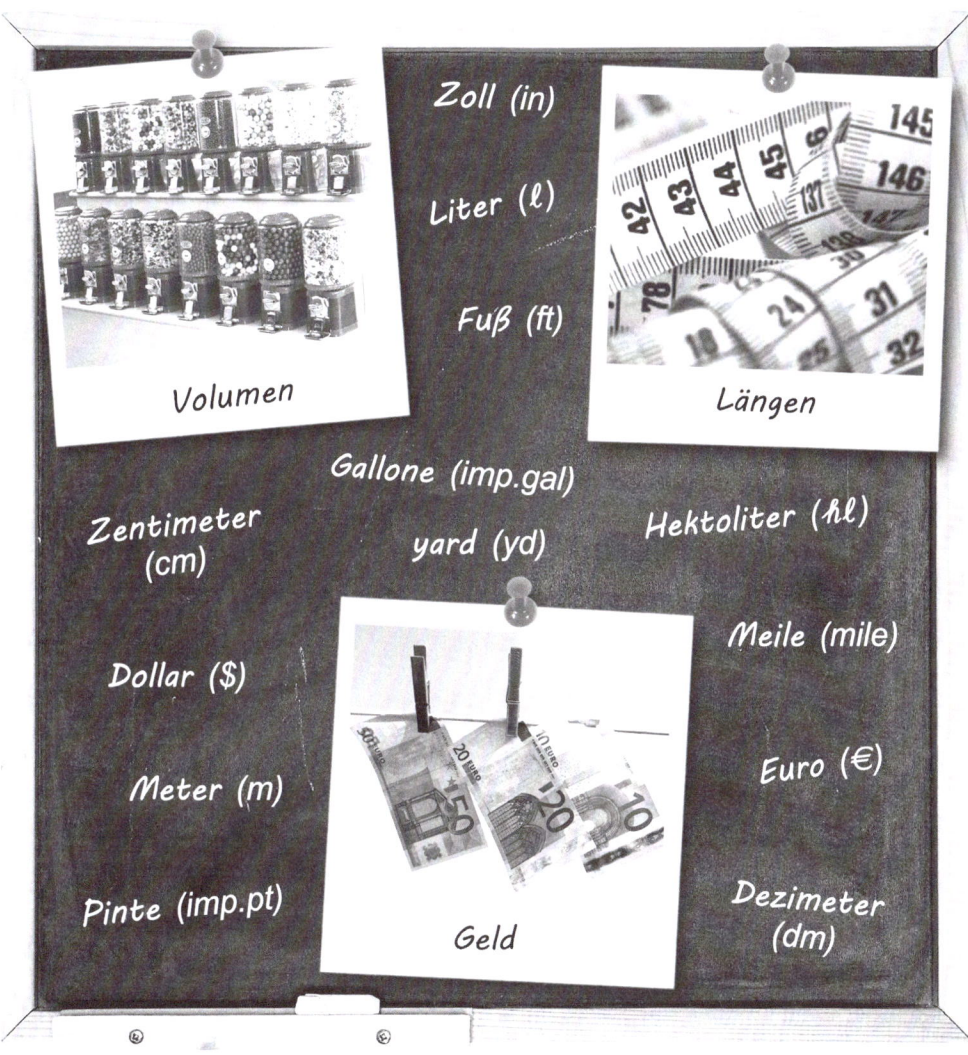

Die heute bei uns gängigen Maßeinheiten wurden in der Vergangenheit festgelegt. Sie gelten allerdings nicht in allen Ländern, in den USA gibt es beispielsweise andere Maße.

Ordne alle abgebildeten Maßeinheiten den richtigen Bildern zu.

1 Geldwerte

In Europa wird in fast allen Ländern mit dem Euro bezahlt. Eine Ausnahme ist z. B. Großbritannien, dort zahlt man in britischen **Pfund**.
Die Währung in den USA ist der amerikanische **Dollar**, in Japan zahlt man mit **Yen**.

WISSEN

Die **Umrechnungszahl**, um Euro in Cent umzurechnen, ist **100**. Das heißt, du musst **mit 100** multiplizieren, um Euro in Cent umzurechnen und **durch 100** dividieren, um Cent in Euro umzurechnen.

$$1\,€\ =\ 100\ ct$$
$$\downarrow\qquad\ \downarrow$$
$$\text{Euro}\quad\text{Cent}$$

BEISPIEL

Auf dem Sommerfest einer Schule wurden 36 alkoholfreie Cocktails zu je 1,35 €, 125 Flaschen Mineralwasser zu je 80 ct und 82 Gläser Limonade zu je 65 ct verkauft.
Wie viel Geld wurde mit dem Getränkeverkauf eingenommen?

Lösung:

☞ **1. Schritt:** Lesen und verstehen
✓ gesucht sind die Einnahmen

✌ **2. Schritt:** Markieren und Notizen machen
✓ 36 Cocktails zu je 1,35 €
✓ 125 Mineralwasser zu je 80 ct = 0,80 €
✓ 82 Gläser Limonade zu je 65 ct = 0,65 €

Rechne alle Angaben in die **gleiche Maßeinheit** um.

☝ **3. Schritt:** Aufgabe lösen

$$1,35\,€ \cdot 36\ =\ \ \ 48,60\,€\quad(\text{Cocktails})$$
$$0,80\,€ \cdot 125 = 100,00\,€\quad(\text{Mineralwasser})$$
$$0,65\,€ \cdot 82\ =\ \ \ 53,30\,€\quad(\text{Limonade})$$

Summe	201,90 €

Berechne die Einnahmen mit den einzelnen Getränken und addiere die Ergebnisse.

✋ **4. Schritt:** Lösung überprüfen

🖐 **5. Schritt:** Antwortsatz schreiben
Es wurden 201,90 € eingenommen.

 Vertiefe dein Wissen!

44 Berechne und gib das Ergebnis in Euro an.

a $2,80 € + 3,60 € + 99\,ct + 0,49 €$ b $6,25 € - 80\,ct + 4,30 €$

c $10 € - 1\,ct$ d $89,99 € + 13\,ct + 5 €$

e $100 € - 12\,ct + 13\,ct$ f $180 € - 80\,ct + 25\,ct - 0,26 €$

45 Addiere die Werte aller €-Banknoten sowie aller €-Münzen.

46 Ina jobbt 2 Tage pro Woche bei einem Baumarkt an der Kasse. Nach Geschäfts-schluss befinden sich an einem Tag 86 Scheine zu je 5 €, 68 Scheine zu je 10 €, 96 Scheine zu je 20 €, 45 Scheine zu je 50 € und 39 Scheine zu je 100 € in der Kasse. Die Münzen sind zusammen 212,65 € wert.
Wie viele Euro befinden sich an diesem Tag insgesamt in der Kasse?

47 Das Diagramm stellt Kristins Taschengeldausgaben im letzten Kalenderjahr dar.

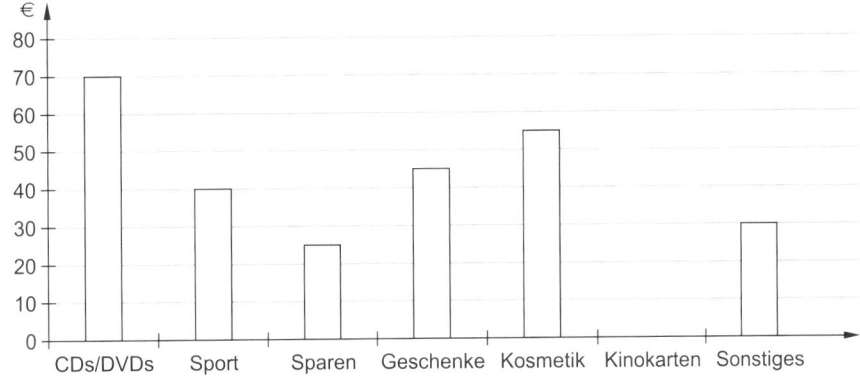

a Kristin hat insgesamt 300 € ausgegeben. Wie viel Geld investierte sie in Kinokarten? Zeichne die fehlende Säule in das Diagramm ein.

b Wie viel hat sie durchschnittlich pro Monat ausgegeben?

48 Adele, Bernd und Cem sind beim Bowlen. Die Bowlingbahn kostet pro Stunde 3,65 €. Pro Spiel werden 2,75 € berechnet. Nach 3 Stunden und 6 Spielen gehen die Freunde zur Kasse, um zu bezahlen.

a Wie hoch ist die Gesamtrechnung?

b Berechne, wie viel jeder der 3 bezahlen muss, wenn sie die Kosten gerecht aufteilen.

Vertiefe dein Wissen!

49 In den Sommerferien hat Stefan viel unternommen. Seine Mutter meint: „Du hast bestimmt mehr als 150 € ausgegeben!" Hat sie recht?

Aktivität	Kino	Freibad	Fußballstadion	Jugenddisko
Preis/ Anzahl	7,50 € 3-mal	1,80 € 19-mal	15,40 € 1-mal	3,95 € 2-mal
Fahrt- kosten	U-Bahn: einfache Fahrt 1,20 €	Bus: 10er-Karte je 4,30 €	Zug: Hin- und Rück- fahrt 11,80 €	Fahrrad

50 Bei „Stan's Super Sandwiches" gibt es verschiedene Menüs. Berate die Kunden so, dass sie möglichst wenig bezahlen müssen.

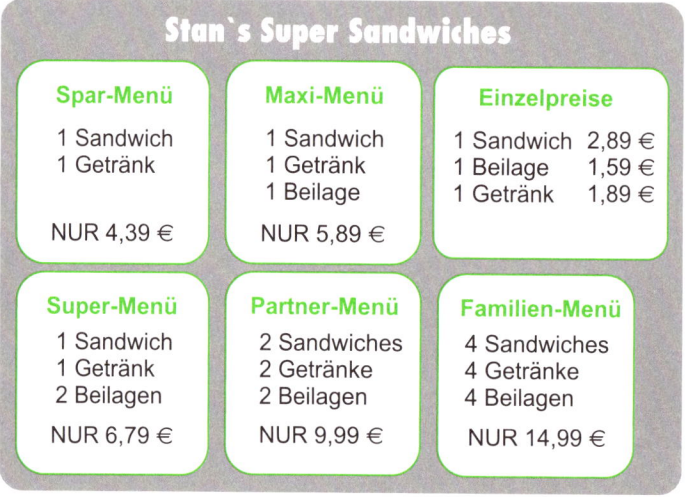

Stan`s Super Sandwiches

Spar-Menü
1 Sandwich
1 Getränk

NUR 4,39 €

Maxi-Menü
1 Sandwich
1 Getränk
1 Beilage

NUR 5,89 €

Einzelpreise
1 Sandwich   2,89 €
1 Beilage   1,59 €
1 Getränk   1,89 €

Super-Menü
1 Sandwich
1 Getränk
2 Beilagen

NUR 6,79 €

Partner-Menü
2 Sandwiches
2 Getränke
2 Beilagen

NUR 9,99 €

Familien-Menü
4 Sandwiches
4 Getränke
4 Beilagen

NUR 14,99 €

TIPP

Vergleiche die Menüpreise mit den Einzel- preisen.

a Lea bestellt etwas zum Mitnehmen. Sie möchte 2 Sandwiches und 2 Beilagen.

b Leon möchte nur eine Beilage und ein Getränk. Seine Freundin ist sehr hungrig und möchte mindestens 2 Sandwiches und ein Getränk.

c Torben, Urs und Viktor kommen vom Sport und haben großen Durst. Jeder möchte mindestens ein Sandwich, eine Beilage und 2 Getränke.

51 Frau Lohmann fährt um 23 Uhr mit dem Taxi nach Hause. Für die 17 km lange Strecke bezahlt sie 1,20 € pro Kilometer zuzüglich 25 ct Nachzuschlag je km. Hinzu kommen noch 2,70 € Grundgebühr. Frau Lohmann zahlt mit Trinkgeld 30 €. Über wie viel Trinkgeld darf sich der Fahrer freuen?

2 Masse

Die bei uns gebräuchlichen Einheiten für die Masse – wie Tonne, Kilogramm oder Gramm – kennst du sicherlich. Aber hast du auch schon einmal von einem **Pfund** oder einer **Unze** gehört?

WISSEN

Die **Umrechnungszahl** für die bei uns gebräuchlichen Massen ist **1 000**.

1 t = 1 000 kg
↓
Tonne   1 kg = 1 000 g
          ↓
   Kilogramm   1 g = 1 000 mg
                 ↓   ↓
             Gramm   Milligramm

BEISPIEL

Eine kleine Fähre hat eine zulässige Zuladung von 2,3 t. An der Anlegestelle warten ein Pkw mit einer Masse von 1,5 t, ein Motorrad mit 180 kg, sowie 7 Personen mit je 80 kg. Wird die zulässige Zuladung der Fähre überschritten?

Lösung:

☞ **1. Schritt:** Lesen und verstehen
  ✓ Gefragt ist, ob die zulässige Zuladung überschritten wird. Man muss also die gesamte Masse der wartenden Personen und Fahrzeuge berechnen.

✌ **2. Schritt:** Markieren und Notizen machen
  ✓ Zuladung der Fähre 2,3 t = 2 300 kg
  ✓ Pkw 1,5 t = 1 500 kg
  ✓ Motorrad 180 kg
  ✓ 7 Personen mit je 80 kg

Rechne alle Angaben in die **gleiche Maßeinheit** um.

🤟 **3. Schritt:** Aufgabe lösen

$$
\begin{array}{rl}
& 1\,500\ \text{kg} \quad (\,\text{Pkw}\,) \\
& 180\ \text{kg} \quad (\,\text{Motorrad}\,) \\
7 \cdot 80\ \text{kg} \;=\; & 560\ \text{kg} \quad (\,\text{Personen}\,) \\
\hline
\text{Summe} \quad & 2\,240\ \text{kg} < 2\,300\ \text{kg}
\end{array}
$$

Addiere die einzelnen Massen und **vergleiche** das Ergebnis mit der zulässigen Zuladung der Fähre.

 4. Schritt: Lösung überprüfen

 5. Schritt: Antwortsatz schreiben
  Die zulässige Zuladung der Fähre wird nicht überschritten.

Vertiefe dein Wissen!

52 Welche Zahlen verstecken sich hintern den Klecksen?

a 2 t =  kg

b 4 000 kg = . t

c 6 500 g = . kg

d 4,5 g = . mg

e 0,35 t = . kg

f 4 900 g = . kg

g 80 t = . kg

h 65 000 mg = . kg

53 Wandle in eine geeignete Einheit um und berechne das Ergebnis.

a $350\,g + 6{,}5\,kg + 1\,250\,g - 2{,}5\,kg$

b $125\,t - (12\,500\,kg + 5\,700\,kg + 9\,300\,kg + 45\,000\,kg)$

c $12 \cdot (200\,mg + 0{,}8\,g) - 6 \cdot (50\,mg + 170\,mg - 0{,}02\,g)$

54 Polina hat den Verdacht, dass ihre Schultasche zu schwer ist. Sie wiegt daher alle Gegenstände mit der Küchenwaage und erhält folgendes Ergebnis:

Atlas: 1,2 kg; Schultasche: 1,5 kg; Taschenrechner: 130 g;
Block: 254 g; 4 Schulbücher: je 365 g; Smartphone: 150 g;
Federmäppchen: 500 g; 9 Hefte: je 120 g

Ist Polinas Schultasche tatsächlich schwerer als die für sie empfohlenen 6 kg?

55 Einer von Herrn Mohrs 5 Lieferwägen hat ein Leergewicht von 2,1 t und ein zulässiges Gesamtgewicht von 3,5 t. Herr Mohr lädt 19 Säcke Zement zu je 28 kg, 8 Heizkörper zu je 43,5 kg sowie 205 Heizungsrohre zu je 3,2 kg ein.
Herr Mohr selbst wiegt 98 kg.
Überschreitet er das zulässige Gesamtgewicht des Lieferwagens?

56 Auf dem Wochenmarkt bieten 3 Händler Kartoffeln an. Welcher Händler hat das beste Angebot?

TIPP
Vergleiche die Preise für 1 kg.

Angebot:
2,5 kg nur 2,45 €

Obst + Gemüse Hansen

nur heute:
1,5 kg
14,85 €

Großhandel Eckart

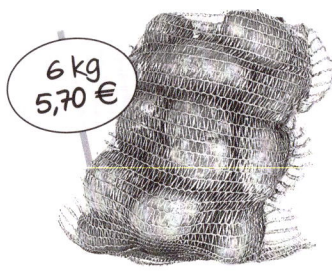

6 kg
5,70 €

KARTOFFELHOF DEHN

Vertiefe dein Wissen!

57 Herr Putz arbeitet für eine Baufirma und transportiert mit seinem Lieferwagen Baumaterial zu verschiedenen Baustellen. Er muss regelmäßig Anfragen mit seinem Smartphone beantworten.

> Wie viele Paletten Fliesen können Sie uns auf einmal liefern?

> Wir benötigen dringend einige Paletten Ziegel.

> Wir brauchen 10 Zementsäcke und möglichst viel Bauholz.

Gegenstand	Masse
Heizkörper	80 kg
Heizkessel	140 kg
Zementsack	50 kg
Palette Fliesen	250 kg
Palette Ziegel	1,5 t
Sack Pflastersteine	340 kg
Ladung Bauhholz	480 kg

max. Zuladung 2,4 t

a Versuche, allen Kunden so gut wie möglich weiterzuhelfen.

b Erfinde selbst verschiedene Aufgaben und löse sie.

58 Frau Opitz bekommt Besuch und möchte ein scharfes Gulasch für 4 Personen kochen.

Scharfes Gulasch

Rezept für 6 Personen

Rindfleisch im Öl scharf anbraten, Zwiebeln dazugeben und etwas dünsten.
Mit Ketchup und Wasser ablöschen; einkochen lassen.
Die Gewürze dazu und ca. 1,5 Stunden weiterkochen.
Mit Salz abschmecken.

Zutaten

30 $m\ell$	Pflanzenöl
120 g	Zwiebeln
15 g	Paprika-Pulver süß
12 g	Paprika-Pulver scharf
6 g	schwarzer Pfeffer
150 g	Tomatenketchup
400 $m\ell$	Wasser
3 g	Chili-Pulver
1,2 kg	Rindfleisch

TIPP
Rechne mit dem Dreisatz.

a Berechne, welche Menge Rindfleisch Frau Opitz für ihr Gulasch benötigt.

b Simon möchte das Gulasch für seine Geburtstagsparty kochen. Er plant mit 20 Personen. Wie viel Rindfleisch benötigt Simon?

Berlin

New York

3 Zeiteinheiten

Auf der Erde gibt es 24 verschiedene **Zeitzonen**. Reist du
in ein Land, das in einer anderen Zeitzone liegt, tritt für dich eine Zeitverschiebung ein. Für Deutschland gilt die MEZ (Mitteleuropäische Zeit).

WISSEN

Bei Zeiteinheiten gibt es keine feste **Umrechnungszahl**. Die Umrechnungs-
vorschriften musst du auswendig lernen.

1 a = 365 d
↓
Jahr   1 d = 24 h
           ↓
        Tag   1 h = 60 min
                  ↓
          Stunde   1 min = 60 s
                      ↓   ↓
                Minute   Sekunde

BEISPIEL

Birdal besucht eine Freundin. Ihre Mutter sagt: „In spätestens 3 Stunden bist du
wieder zu Hause!"
Birdal benötigt zu Fuß 20 Minuten bis zu ihrer Freundin. Dort angekommen
spielen die Mädchen eine Stunde und 10 Minuten im Garten. Anschließend
sehen sie eine halbe Stunde fern. Danach müssen sie sich noch eine dreiviertel
Stunde über den neusten Tratsch und Klatsch in ihrer Klasse austauschen.
Kommt Birdal rechtzeitig nach Hause?

Lösung:

 1. Schritt: Lesen und verstehen
   ✓ Gefragt ist, ob Birdal nach 3 Stunden wieder zu Hause ist.

 2. Schritt: Markieren und Notizen machen
   ✓ Fußweg: **2** · 20 min = 40 min
   ✓ Spielen im Garten: 1 h 10 min = 70 min
   ✓ Fernsehen: **halbe** Stunde = 30 min
   ✓ Unterhalten: **dreiviertel** Stunde = 45 min

Birdal braucht auch nach Hause
20 Minuten.
Rechne alle Angaben in die
gleiche Maßeinheit um.

 3. Schritt: Aufgabe lösen
40 min + 70 min + 30 min + 45 min = 185 min = 3 h 5 min

4. Schritt: Lösung überprüfen

5. Schritt: Antwortsatz schreiben
Birdal kommt 5 Minuten zu spät zu Hause an.

   Vertiefe dein Wissen!

59 Ordne der Größe nach. Beginne mit der kürzesten Zeitspanne.

a 600 min, 5 h, 150 s, 12 h, 360 min

b 48 h, 1 d, 18 h, 5 d, 3 s, 72 h

60 Berechne jeweils die Fahrzeit zwischen Start- und Endbahnhof. Gib das Ergebnis in Stunden und Minuten an.

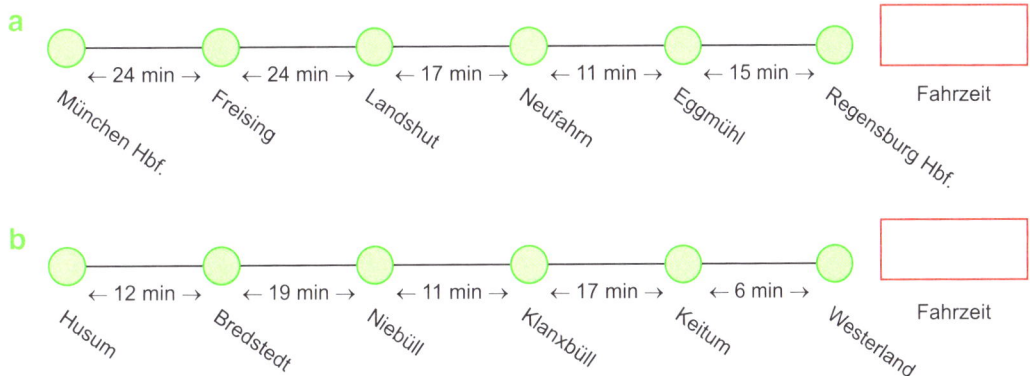

61 Ein Geheimagent hat 6 Minuten Zeit, bevor die Alarmanlage losgeht. Er sprintet in 50 Sekunden die Treppe hinauf. Nach 2 Minuten und 48 Sekunden intensiver Suche hat er die geheimen Dokumente gefunden. Er braucht eine halbe Minute, um sie zu fotografieren. Wie viel Zeit hat der Geheimagent nun noch, um unerkannt aus dem Gebäude zu flüchten?

62 Herr Gashi arbeitet im Landratsamt. Seine wöchentliche Arbeitszeit beträgt 39 Stunden und 30 Minuten. Wenn er das Gebäude morgens betritt, meldet er sich mit seinem Chip an. Wenn er abends geht, meldet er sich wieder ab. Jede Woche bekommt Herr Gashi einen Ausdruck mit seinen Arbeitszeiten.

TIPP
Rechne erst auf die volle Stunde hoch.

Tag	Arbeitsbeginn	Mittagspause	Feierabend
Montag	7:32	12:00 bis 12:35	17:28
Dienstag	7:18	12:14 bis 12:48	16:36
Mittwoch	7:42	12:51 bis 13:16	15:42
Donnerstag	7:35	11:58 bis 13:04	18:32
Freitag	7:05	–	11:58

Hat Herr Gashi sein Arbeitspensum in dieser Woche erreicht?

Vertiefe dein Wissen!

63 Großmutter Hansen feiert im „Goldenen Krug" ihren 80. Geburtstag.
Am ersten Tisch sitzen 5 Gäste. Zusammen sind sie genau 438 Jahre alt. Das Alter der 8 Gäste am zweiten Tisch beträgt 637 Jahre und 7 Monate. Die 7 Gäste am dritten Tisch bringen es zusammen auf 564 Jahre und 5 Monate.

a Wie viele Gäste feiern mit Großmutter Hansen?

b Welches Alter haben alle Gäste zusammen?

c Liegt das Durchschnittsalter der Gäste über oder unter dem Alter von Großmutter Hansen?

64 Unten siehst du einen Ausschnitt aus einem Busfahrplan.

Nordbahnhof	8:45	9:05	9:25	9:45
Schlossallee	8:48	9:08	9:28	9:48
Parkstraße	8:51	9:11	9:31	9:5
Opernplatz	8:58	9:18	9:39	9:5
Berliner Straße	9:03	9:23	9:43	10:
Badstraße	9:09	9:29	9:49	10:
Westbahnhof	9:12	9:32	9:52	10:1
Theaterplatz	9:18	9:38	9:58	10:1
Museumsplatz	9:21	9:41	10:01	10:2
Flughafen	9:26	9:46	10:06	10:26

a In den Fahrplan hat sich ein Fehler eingeschlichen. Kannst du ihn finden und verbessern?

b Wie lange braucht der Bus vom Nordbahnhof zum Flughafen?

c Ina kommt um 8:51 Uhr zur Haltestelle Schlossallee. Wie lange muss sie auf den nächsten Bus warten?

65 Herr Kick fährt mit seinem Dienstwagen von Freiburg nach Düsseldorf. Er startet um 8:28 Uhr. Nach 2 Stunden und 55 Minuten erreicht er Frankfurt, wo er eine Viertelstunde Pause macht. Nachdem er weitere 50 Minuten gefahren ist, hält er wieder an, um 10 Minuten mit dem Handy zu telefonieren. Nach einer weiteren Stunde und 42 Minuten erreicht Herr Kick Düsseldorf.
Berechne, wie lange er insgesamt unterwegs war und wie viel Uhr es jetzt ist.

Vertiefe dein Wissen!

66 Wegen eines Schneechaos kommt es an einem Flughafen zu Verspätungen und Flugausfällen. Frau Jarir arbeitet an einem Service-Schalter und muss viele Fragen beantworten.

Abflüge				aktuelle Uhrzeit: 17:42	
Abflug	**Nach**	**Geplant**	**Abflug**	**Nach**	**Geplant**
18:35	Peking	20:15	20:35	London Heathr.	entfällt
18:50	Hamburg	19:05	20:40	London Gatwick	23:05
19:15	Bangkok	entfällt	20:50	Madrid	20:30
20:20	Frankfurt	23:30	21:05	Oslo	20:55
20:25	Paris	20:25	21:15	Rom	21:15
20:30	Moskau	entfällt	22:00	Tokio	06:00

> Wie viel Verspätung hat der Flug nach Hamburg?

> Startet die Maschine nach Paris pünktlich?

> Wie lange muss ich auf einen Flug nach London warten?

  a Beantworte die Fragen der Passagiere.

  b Denke dir selbst Fragen aus und schreibe die richtigen Antworten auf.

 67 Zwischen New York und München liegen etwa 6 500 km und ein Zeitunterschied von 5 Stunden. Ist es z. B. bei uns 14:00 Uhr am Nachmittag, ist es in New York erst 9:00 Uhr in der Früh.

  a Herr Mutzbauer aus München ruft um 8:00 Uhr morgens deutscher Zeit seinen Kollegen Mr. McDowell in New York auf dessen Handy an. Dieser ist nicht sehr erfreut. Kannst du dir denken, warum?

  b Um sich bei Herrn Mutzbauer zu revanchieren, greift Mr. McDowell um 21:00 Uhr New Yorker Zeit zum Telefon und ruft Herrn Mutzbauer an. Was meinst du, ist Herr Mutzbauer schon im Bett?

  c Ein Flugzeug startet um 10:35 Uhr Ortszeit in München und landet um 14:05 Uhr Ortszeit in New York. Wie lange dauert der Flug?

  d Wann landet ein Flugzeug in München, das um 18:30 Uhr Ortszeit in New York startet und eine Flugzeit von 7 Stunden und 55 Minuten hat?

Vertiefe dein Wissen!

4 Längeneinheiten

Obwohl man es dem Namen nach gar nicht glauben mag, die Einheit **Lichtjahre** gibt eine Entfernung an. Mit einem Lichtjahr bezeichnet man die Strecke, die das Licht in einem Jahr zurücklegt. Das sind etwa 9 461 000 000 000 000 m.

WISSEN

Die **Umrechnungszahl** für die bei uns gebräuchlichen Längenmaße ist **10**.
Ausnahme: Bei der Umrechnung von km in m ist die **Umrechnungszahl 1 000**.

1 km = 1 000 m
↓
Kilometer   1 m = 10 dm
↓
Meter   1 dm = 10 cm
↓
Dezimeter   1 cm = 10 mm
↓   ↓
Zentimeter   Millimeter

BEISPIEL

Laura war letztes Jahr 1,35 m groß. Bei einer Messung im März ist sie um 7 mm gewachsen, bei einer weiteren Messung im Juni noch mal um 1,3 cm. Heute ist Laura 1,39 m groß. Wie viele cm ist sie seit Juni gewachsen?

Lösung:

 1. Schritt: Lesen und verstehen
✓ Gefragt ist, wie viel cm Laura seit Juni gewachsen ist.

 2. Schritt: Markieren und Notizen machen
✓ Größe zu Beginn: 1,35 m = 135 cm
✓ Wachstum bis März: 7 mm = 0,7 cm
✓ Wachstum bis Juni: 1,3 cm
✓ Größe jetzt: 1,39 m = 139 cm

Rechne alle Angaben in die **gleiche Maßeinheit** um.

 3. Schritt: Aufgabe lösen

Größe im Juni:

```
    135,0 cm
      0,7 cm
+     1,3 cm
    137,0 cm
```

Wachstum seit Juni:

```
    139 cm
−   137 cm
      2 cm
```

 4. Schritt: Lösung überprüfen

 5. Schritt: Antwortsatz schreiben
Laura ist seit Juni 2 cm gewachsen.

Vertiefe dein Wissen!

68 Welche Zahlen bzw. Einheiten verstecken sich hinter den Klecksen?

a 30 cm = ⬛ dm

b 1,2 m = ⬛ cm

c 4,25 dm = ⬛ mm

d 3 000 m = 3 ⬛

e 0,07 m = 70 ⬛

f 0,3 km = 3 000 ⬛

69 Ein alter Tunnel auf einer Nebenstraße hat eine Durchfahrtshöhe von 2,6 m.
Die Höhe verschiedener Fahrzeuge ist unten angegeben. Streiche die Fahrzeuge
durch, die auf keinen Fall durch den Tunnel fahren sollten.

36 dm   **320 cm**   **2 450 mm**   **1,97 m**

70 Im Märchen „Die Prinzessin auf der Erbse" spürt eine Prinzessin eine Erbse durch
20 Matratzen und durch 20 Eiderdaunendecken hindurch.

a Berechne, wie hoch das Bett der Prinzessin war, wenn die Höhe des Bett-
kastens 35 cm, die Dicke einer Matratze 18 cm und die Dicke einer Decke
65 mm betrug.

b Könnte man das Bett der Prinzessin in dein Zimmer stellen? Begründe.

71 Familie Petersen plant eine
Radtour. Sie möchte pro Tag
ungefähr 50 bis 60 Kilometer
fahren.

a Kreuze die Orte an, an
denen Familie Petersen
übernachten wird.

b Wie viele Tage werden
die Petersens unterwegs
sein?

c Wie viele Kilometer legt Familie Petersen insgesamt zurück?

Vertiefe dein Wissen! ⟶

72 Frau Schnödinger, eine Maßschneiderin, kauft Stoff für ihre Arbeiten. Sie benötigt 8 Bahnen der Länge 90 cm und 5 Bahnen der Länge 1,25 m.

   a Wie viele Meter Stoff kauft sie insgesamt?

   b Der Meterpreis für den Stoff beträgt 26,50 €. Wie viel kostet Frau Schnödingers Stoff?

73 Selina möchte mit ihren Modelleisenbahn-Schienen eine Strecke von der Küche in das Wohnzimmer legen. Die Distanz beträgt 6,45 m.

   a Selina hat Schienen mit den Längen 15 cm und 20 cm. Wie viele Schienen benötigt sie von welcher Sorte? Gib mindestens 2 verschiedene Lösungen an.

   b Selina verlängert die Strecke mit 26 Schienen der Länge 15 cm von der Küche bis in die Abstellkammer. Wie lang ist die gesamte Strecke jetzt?

74 Die Länge von Bildschirmdiagonalen und der Durchmesser von Reifen wird oft in Zoll angegeben. Ein Zoll entspricht 2,54 cm.

   a Wie viele cm Bildschirmdiagonale hat ein 27-Zoll-Bildschirm?

   b Eine Autofelge hat einen Durchmesser von 45,72 cm. Wie viel Zoll sind das?

75 Herr Katzmeier möchte wissen, wie hoch die Lokomotive in etwa ist. Er versucht, die Höhe mithilfe seiner Körpermaße zu schätzen.
Kannst du ihm behilflich sein?

TIPP
Der Mann ist ca. 1,80 m groß.

76 Der „Coffee to go" liegt im Trend und so benutzt jeder Deutsche pro Jahr im Durchschnitt 34 Pappbecher, die nach dem Gebrauch im Müll landen.

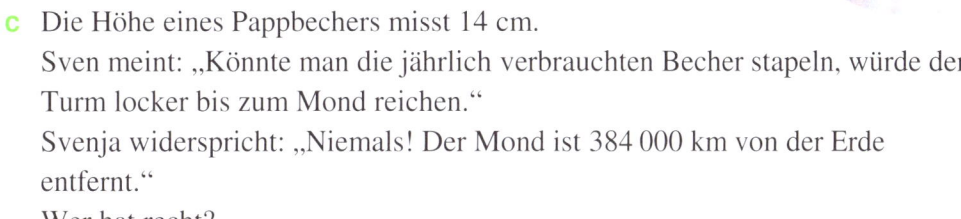

a Deutschland hat rund 82 Millionen Einwohner.
Wie viele Pappbecher landen in Deutschland pro Jahr im Müll?

b Der Erdumfang am Äquator beträgt etwa 40 000 km.
Der obere Durchmesser eines Pappbechers beträgt 9 cm.
Stelle dir vor, man würde alle in Deutschland weggeworfenen Becher eines Jahres in einer Reihe nebeneinander aufstellen.
Wie oft würde die Becherreihe um die Erde reichen?
Gib das Ergebnis als ganze Zahl an.

c Die Höhe eines Pappbechers misst 14 cm.
Sven meint: „Könnte man die jährlich verbrauchten Becher stapeln, würde der Turm locker bis zum Mond reichen."
Svenja widerspricht: „Niemals! Der Mond ist 384 000 km von der Erde entfernt."
Wer hat recht?

77 Delfine verständigen sich mit ihren Artgenossen über Schallwellen. Der Schall legt im Wasser in 5 Sekunden ca. 7,5 km zurück.

TIPP
Rechne mit dem Dreisatz.

a Wie lange braucht der Schall im Wasser, um 3 750 m zurückzulegen?

b Die Schallwelle eines Delfins erreicht seinen Artgenossen nach 2 Sekunden.
Wie weit sind die beiden Delfine voneinander entfernt?

78 Im Märchen „Der kleine Däumling" besitzt ein Junge Sieben-Meilen-Stiefel.
Mit einem einzigen Schritt kann er 7 Meilen zurücklegen.

a Eine altdeutsche Meile ist 7,5 km lang.
Welche Strecke legt der Junge mit einem Schritt zurück?

b Die Entfernung München – Berlin beträgt rund 630 km. Wie viele Schritte benötigt der Junge mit den Sieben-Meilen-Stiefeln für diese Strecke?

Vertiefe dein Wissen!

5 Flächenmaße

Die veraltete Einheit **Morgen** bezeichnete die Fläche,
die mit einem Pferde- bzw. Ochsenpflug an
einem Morgen gepflügt werden konnte.
Erst im 20. Jahrhundert setzten sich bei uns
die heutigen Maßeinheiten für Flächen durch.

WISSEN

Die **Umrechnungszahl** für die bei uns gebräuchlichen Flächenmaße ist **100**.

1 ha = 100 a
↓
Hektar   1 a = 100 m^2
          ↓
      Ar   1 m^2 = 100 dm^2
               ↓
        Quadratmeter   1 dm^2 = 100 cm^2
                     ↓
            Quadratdezimeter   1 cm^2 = 100 mm^2
                         ↓   ↓
                 Quadratzentimeter   Quadratmillimeter

BEISPIEL

Landwirt Jansen möchte ein Weizenfeld mit einer Fläche von 12 ha düngen.
Auf dem Düngersack steht: „Reicht für 1 500 m^2!"
Wie viele Düngersäcke benötigt er?

Lösung:

 1. Schritt: Lesen und verstehen
     ✓ Gefragt ist, wie viele Düngersäcke Landwirt Jansen benötigt.

 2. Schritt: Markieren und Notizen machen
     ✓ Fläche des Weizenfeldes 12 ha = 1 200 a   Rechne alle Angaben in die
     ✓ Ein Düngersack für 1 500 m^2 = 15 a   **gleiche Maßeinheit** um.

 3. Schritt: Aufgabe lösen
1 200 a : 15 a = 80   (Düngersäcke)

 4. Schritt: Lösung überprüfen

 5. Schritt: Antwortsatz schreiben
Landwirt Jansen benötigt 80 Düngersäcke.

79 Ordne die Angaben der Größe nach, beginnend mit der kleinsten Fläche.
Wie lautet das Lösungswort?

L 0,5 ha   **E** 7 cm²   **B** 9 mm²   **L** 45 m²   **A** 72 dm²   **I** 4 200 mm²   **F** 0,5 m²

☐ ☐ ☐ ☐ ☐ ☐ ☐ ☐

80 Kreuze an, ob die Aussagen wahr oder falsch sind.

                                                                                         wahr   falsch

a 100 dm² sind genau 1 m².   ☐ ☐

b Die Größe von Wohnungen gibt man am besten in ha an.   ☐ ☐

c Ein normales Tablet ist ungefähr 4 dm² bis 5 dm² groß.   ☐ ☐

d 1 dm² ist die Fläche eines Quadrats mit der Seitenlänge 10 cm.   ☐ ☐

e Eine Fläche von 40 cm² ist kleiner als eine Fläche von 0,3 dm².   ☐ ☐

81 Frau Heynitz lebt in einer Dreizimmerwohnung mit 90 m² Wohnfläche. Das Bad hat eine Fläche von 12 m². Die Küche und der Flur sind zusammen 18 m² groß. Das Wohnzimmer hat eine Fläche von 28 m². Das dritte Zimmer und das Schlafzimmer sind gleich groß. Wie groß sind diese beiden Zimmer jeweils?

82 Das berühmte Alexandermosaik, das es in Pompeji zu bestaunen gibt, hat eine Fläche von rund 18 m². Es wurde aus vielen kleinen Mosaiksteinchen zusammengesetzt. Ein Mosaik-steinchen hat eine Fläche von ca. 20 mm².
Berechne, wie viele Mosaik-steinchen das Alexandermosaik enthält.

83 Eine ausgewachsene Rotbuche besitzt rund 250 000 Blätter. Würde man alle Blätter nebeneinander auf dem Boden auslegen, würden sie eine Fläche von rund 1 400 m² bedecken. Welchen Flächeninhalt hat ein Buchenblatt?

Vertiefe dein Wissen!

84 Das Balkendiagramm zeigt die Fläche einiger Länder in Millionen km².

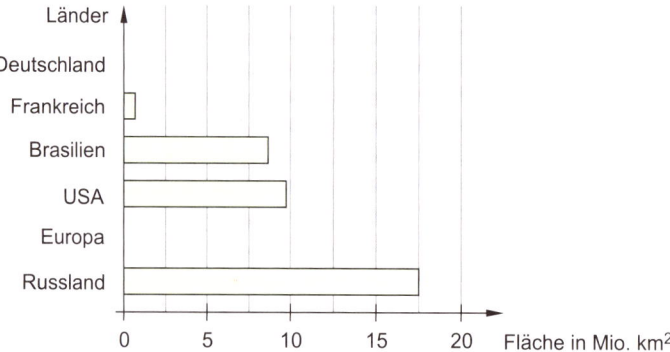

a Wie viele km² beträgt die Fläche Russlands?

b Europa hat eine Fläche von rund 10 Mio. km². Zeichne den entsprechenden Balken in das Diagramm ein.

c Deutschland hat eine Fläche von 0,35 Mio. km². Ist es sinnvoll, einen entsprechenden Balken in dieses Diagramm einzuzeichnen? Begründe deine Meinung.

85 Frau Bärmann stellt fest, dass sie im Frühjahr die Westseite ihres Gartenhauses neu streichen muss.

TIPP
Verwende zum Schätzen die Größe der Frau.

a Schätze die zu streichende Fläche.

b Eine Dose wetterfeste Holzfarbe reicht für 4 m².
Gib an, wie viele Dosen der Farbe Frau Bärmann im Baumarkt kaufen muss, wenn sie die gleich große Ostseite des Gartenhauses ebenfalls streichen möchte.

86 In den Vereinigten Staaten von Amerika wird die Größe von Grundstücken immer noch oft in der Flächeneinheit Morgen angegeben. Ein Morgen entspricht rund 4 000 m². Der Rancher John McBeef in den USA besitzt 65 Morgen Weideland, der Viehzüchter Hans Peter Dehnsen in Niedersachsen 80 ha.
Wer hat die größere Weidefläche?

Vertiefe dein Wissen!

6 Volumen- und Hohlmaße

Die Menge von Erdöl wird oft in **Barrel** (engl. für Fass) angegeben. Ein Barrel entspricht dabei 158,987 Litern. Ein Standardfass enthält aber in der Regel keineswegs genau ein Barrel, sondern gut 200 Liter.

WISSEN

Die **Umrechnungszahl** bei Volumen und Hohlmaßen ist **1 000**.
Ausnahme: Bei der Umrechnung von $h\ell$ in ℓ ist die **Umrechnungszahl 100**.

$1 \text{ m}^3 = 1\,000 \text{ dm}^3$ **$1 \, h\ell = 100 \, \ell$**

Kubikmeter $1 \text{ dm}^3 = 1\,000 \text{ cm}^3$ Hektoliter $1 \, \ell = 1\,000 \, m\ell$

Kubikdezimeter $1 \text{ cm}^3 = 1\,000 \text{ mm}^3$ Liter   Milliliter

Kubikzentimeter   Kubikmillimeter

Beachte: $1 \, \ell = 1 \text{ dm}^3$; $1 \, m\ell = 1 \text{ cm}^3$

BEISPIEL

Der Heißwasser-Boiler der Familie Buchner fasst 0,85 $h\ell$. An einem Morgen benötigt Jessica 28 ℓ zum Duschen, ihr Bruder Kai braucht 11 ℓ für die Körperpflege. Die Mutter benötigt 18 ℓ zum Duschen und 27,5 ℓ zum Abspülen. Jetzt will Jessicas Vater noch duschen. Erlebt er eine unangenehme Überraschung?

Lösung:

 1. Schritt: Lesen und verstehen
  ✓ Gefragt ist, ob Jessicas Vater eine unangenehme Überraschung erlebt. Es könnte sein, dass kaum noch warmes Wasser übrig ist.

 2. Schritt: Markieren und Notizen machen
  ✓ Volumen des Tanks 0,85 $h\ell = 85 \, \ell$
  ✓ Wasserbedarf der Kinder: 28 ℓ + 11 ℓ
  ✓ Wasserbedarf der Mutter: 18 ℓ + 27,5 ℓ

> Rechne alle Angaben in die **gleiche Maßeinheit** um.

 3. Schritt: Aufgabe lösen
Wasserbedarf: 28 ℓ + 11 ℓ + 18 ℓ + 27,5 ℓ = 84,5 ℓ
restliches Wasser: 85 ℓ − 84,5 ℓ = 0,5 ℓ

 4. Schritt: Lösung überprüfen

 5. Schritt: Antwortsatz schreiben
Jessicas Vater erlebt ziemlich sicher eine unangenehme Überraschung. Es ist nur noch ein halber Liter warmes Wasser übrig.

Vertiefe dein Wissen!

87 Nach einem Ritt durch die Wüste ist Oli, das Kamel, sehr durstig. Es trinkt nur Eimer aus, in denen sich mehr als 10 ℓ Wasser befinden. Verbinde die richtigen Eimer mit Oli.

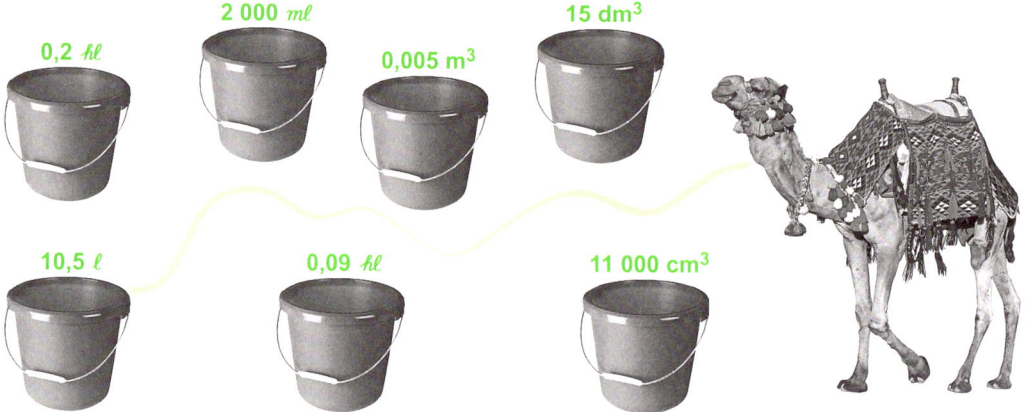

88 Welche Zahlen verbergen sich hinter den Klecksen?

a $2 \, dm^3 =$ $\ell =$ $cm^3 =$ $m\ell$

b $6\,500 \, m\ell =$ $cm^3 =$ ℓ

c $12 \, h\ell =$ $\ell =$ $cm^3 =$ m^3

89 Im „Wild-West-Park" werden verschiedene Erfrischungsgetränke verkauft. Herr Kaynak, der Leiter des Vergnügungsparks, analysiert die Verkaufszahlen eines Getränkestandes in den letzten 3 Monaten.

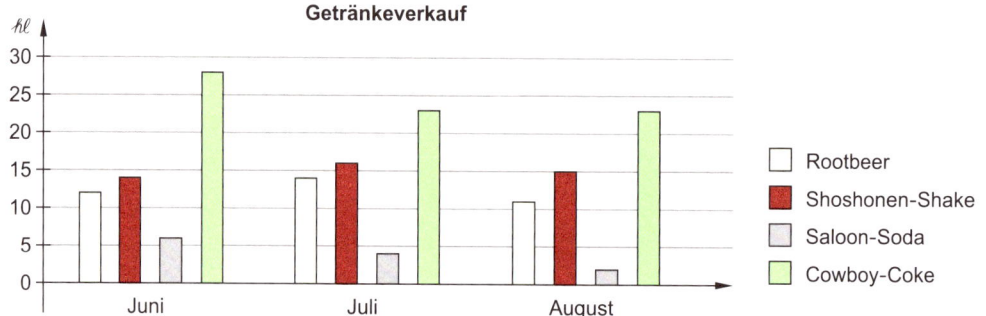

a Welches ist das beliebteste Getränk?

b Wie viel „Saloon-Soda" wurde im Juni verkauft? Gib das Ergebnis in Litern an.

✱ c Rootbeer wird ausschließlich in $\frac{1}{2}$-ℓ-Gläsern verkauft. Ein Glas Rootbeer kostet 2,80 €. Wie viel Umsatz hat der Getränkestand durch den Verkauf von Rootbeer in den letzten 3 Monaten gemacht?

90 Das Volumen von Zylindern in Motoren wird als „Hubraum" bezeichnet.

a Ein Zylinder eines Vier-Zylinder-Motors hat einen Hubraum von 500 cm³. Über welchen Hubraum verfügt der Motor insgesamt?

b Ein Motor dieser Größe wird auch als „Zwei-Liter-Motor" bezeichnet. Warum?

91 Für das Sommerfest ihrer Schule mischt Ingrid einen cremig-fruchtigen Cocktail. Das Rezept hat sie auf einem Zettel notiert.

a Wie viel Liter mixt Ingrid?

b Ingrid schenkt den Saft in 0,2-ℓ-Gläsern aus. Insgesamt verkauft sie 12 Gläser. Wie viele Liter sind noch übrig?

1,2 ℓ   Orangensaft
800 mℓ Milch
450 mℓ Ananassaft
$\frac{1}{2}$ ℓ   Karottensaft
50 mℓ Zitronensaft

92 Ein Schwimmbecken fasst 1 200 m³ Wasser. Aus mehreren Schläuchen fließen pro Minute 250 ℓ Wasser in das Becken.

a Wie lange dauert es, bis das Becken voll ist? Gib das Ergebnis in Tagen und Stunden an.

TIPP
Du kannst die Aufgabe lösen, ohne zu rechnen.

b Wie lange würde es dauern, wenn pro Minute 500 ℓ Wasser in das Becken fließen würden?

93 Erdöl wird unter anderem mit sogenannten Pferdekopf-Pumpen gefördert. Eine Pumpe fördert ca. 75 ℓ Öl pro Minute.

a Berechne die geförderte Ölmenge an einem Tag.

b Wie lange muss die Pumpe betrieben werden, um eine Menge von 756 m³ Öl zu fördern?

c Durch den Einbau eines stärkeren Pumpenmotors kann die Förderleistung auf 216 m³ Öl pro Tag erhöht werden. Wie viele Liter pro Minute fördert die Pumpe jetzt?

94 Ein Tanklöschfahrzeug der Feuerwehr fasst 2,4 m³ Wasser. Ein C-Schlauch hat einen Wasserdurchlauf von 200 ℓ pro Minute.
Bei einem Lkw-Vollbrand auf der Autobahn rückt die Feuerwehr mit 2 C-Schläu-chen vor. Wie lange reicht der Wasservorrat des Tanklöschfahrzeugs?

Vertiefe dein Wissen!

40 Minuten

Test 3

1 Der InterCity von München nach Würzburg kommt nach 3 Stunden und
19 Minuten Fahrzeit um 14:39 Uhr in Würzburg an.

   a Wann war die Abfahrt in München?

____ von 1

   b Um 19:42 Uhr kommt der Zug in Hamburg Altona an. Berechne die Fahrzeit
von Würzburg aus.

____ von 1

2 Bauer Wild baut auf Teilen seines 1 ha großen Feldes Gemüse an. Auf 25 a pflanzt
er Kartoffeln, auf 10 a Zwiebeln, auf 150 m^2 wachsen Bohnen und auf weiteren
275 m^2 wachsen Karotten. Berechne die noch freie Fläche des Feldes.

____ von 5

3 Bei einer Fahrradtour fährt Familie Stief in einer Minute durchschnittlich 450 m.
Nach 1 Stunde und 20 Minuten legt die Familie eine Pause ein. Anschließend
meint die Tochter Svetlana: „In der Zeit unserer Pause hätten wir 9 km zurücklegen können." Nach welcher Fahrstrecke legt Familie Stief die Pause ein und wie
lange dauert diese Pause?

____ von 5

4 Das erste Bierfass, das beim Oktoberfest jedes Jahr angezapft wird, fasst 2 $h\ell$. Wie viele dieser Fässer werden benötigt, um die 7,5 Millionen Liter Bier, die pro Jahr auf dem Oktoberfest getrunken werden, auszuschenken?

____ von 2

5 Die Masse von Edelmetallen wird in Feinunzen angegeben. Eine Feinunze entspricht rund 31 g. 1869 wurde in Australien das bisher größte Goldnugget mit einer Masse von 2 316 Feinunzen gefunden.

a Gib die Masse des Goldnuggets in g und kg an.

____ von 2

b Eine Feinunze Gold kostet 980,50 €. Welchen Wert hat das Goldnugget?

____ von 1

6 Die Schmerztabletten „Auweh" sind in 2 verschiedenen Größen erhältlich. Die kleinere Tablette hat eine Masse von 2,5 g und enthält 70 mg Wirkstoff, die größere Tablette wiegt 3,5 g und enthält 98 mg Wirkstoff.

a Frau Fischer besorgt sich die kleineren Tabletten. Sie soll täglich 210 mg Wirkstoff zu sich nehmen. Wie viele Tabletten muss sie einnehmen?

____ von 1   Anzahl Tabletten: _____

b Frau May nimmt täglich $2\frac{1}{2}$ von den großen Tabletten. Überschreitet sie damit die maximale Tagesdosis von 250 mg Wirkstoff?

____ von 2

20 bis 15	14,5 bis 10	9,5 bis 0

So lange habe ich gebraucht: _____

So viele Punkte habe ich erreicht: _____

Teste dein Wissen!

40 Minuten

Test 4

1 Gib die Dauer der Fernsehsendungen an.

a Beginn: 20:15 Uhr
Ende: 22:45 Uhr

b Beginn: 17:40 Uhr
Ende: 19:30 Uhr

___ von 2

2 Raphael will sich ein riesiges Sandwich machen. Er geht davon aus, dass es mindestens 10 cm hoch sein muss, damit er satt wird. Er hat folgende Zutaten:

2 Scheiben extra-dickes Toastbrot (je 0,8 cm), 4 Schichten Tomaten (je 7 mm),
3 Schichten Putenschinken (je 4 mm), Salatblätter (insgesamt 3,2 cm), 1 Schicht
Käse (1 cm)

Ist das Sandwich dick genug, um seinen Hunger zu stillen?

___ von 4

3 Die Masse von Edelsteinen wird in Karat angegeben. Es gilt: 1 Karat $\widehat{=}$ 0,2 g

a Ein Saphir wiegt 15 g. Gib die Masse in Karat an.

___ von 1

b Welche Masse hat ein Diamant von 15 Karat in g?

___ von 1

c Wie teuer ist der Diamant aus Aufgabe b, wenn 1 Karat 241 € kostet?

___ von 1

4 Die Elbe entspringt im tschechischen Riesengebirge, fließt durch Tschechien und Deutschland und mündet nach 1 094,4 km in die Nordsee. Die durchschnittliche Strömgeschwindigkeit beträgt 2 m pro Sekunde. Wie viele Stunden braucht das Elbwasser von der Quelle bis zur Mündung?

_____ von 4

5 Herr Hübenbecker arbeitet in einem Getränke-Großmarkt. Sein Gabelstapler darf eine maximale Masse von 2,3 t heben. Auf einer Palette befinden sich 240 Six-packs mit 500-$m\ell$-Mineralwasserflaschen, 360 Flaschen Apfelschorle mit einem Inhalt von je 1,5 ℓ und 14 Fässer Limonade mit einem Inhalt von je 1,2 $h\ell$.
Ein Liter Flüssigkeit wiegt etwa 1 kg.

a Als Herr Hübenbecker die Palette anheben will, blinkt die Warnleuchte seines Gabelstaplers. Um wie viele kg hat er die maximale Zuladung überschritten?

_____ von 6

b Wie viele Limonadenfässer muss Herr Hübenbecker von der Palette rollen, damit sein Gabelstapler sie anheben kann?

_____ von 1

20 bis 15	14,5 bis 10	9,5 bis 0

So lange habe ich gebraucht: _____

So viele Punkte habe ich erreicht: _____

Teste dein Wissen! ⟶

Textaufgaben aus der Geometrie

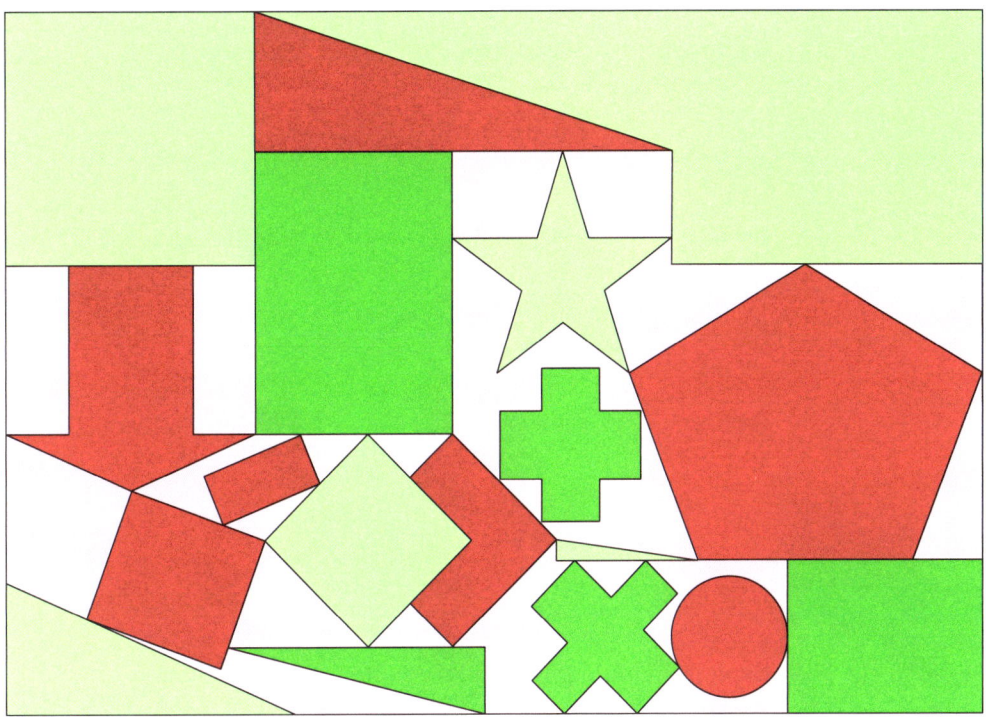

Arlindas kleiner Bruder hat seine Bauklötze einfach so in eine Kiste geworfen.
Das Bild zeigt die Kiste von oben. Welche Flächen kannst du erkennen?

1 Flächen und Körper

Bevor du Textaufgaben aus der Geometrie in Angriff nimmst, kannst du hier dein Grundwissen zu Flächen und Körpern auffrischen.

WISSEN

Rechteck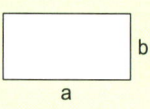

Flächeninhalt:
$A = a \cdot b$
Umfang:
$u = 2a + 2b$

Quadrat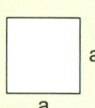

Flächeninhalt:
$A = a \cdot a = a^2$
Umfang:
$u = 4a$

Dreieck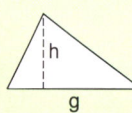

Flächeninhalt:
$A = \dfrac{g \cdot h}{2}$

Parallelogramm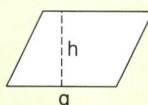

Flächeninhalt:
$A = g \cdot h$

Quader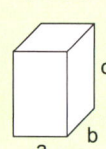

Volumen:
$V = a \cdot b \cdot c$
Oberfläche:
$O = 2ab + 2ac + 2bc$

Würfel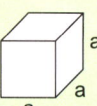

Volumen:
$V = a \cdot a \cdot a = a^3$
Oberfläche:
$O = 6a^2$

BEISPIEL

Berechne Umfang und Flächeninhalt der abgebildeten Figur.

4 cm
5 cm

Lösung:

Umfang:
$u = 2a + 2b$
$u = 2 \cdot \mathbf{5\ cm} + 2 \cdot \mathbf{4\ cm}$
$u = 10\ cm + 8\ cm$
$u = 18\ cm$

Flächeninhalt:
$A = a \cdot b$
$A = \mathbf{5\ cm} \cdot \mathbf{4\ cm}$
$A = 20\ cm^2$

Formel auswählen
Werte **einsetzen**

95 Zeichne die Rechtecke und berechne Fläche und Umfang. Was fällt dir auf?

a Länge: 4 cm
Breite: 3 cm

b Länge: 6 cm
Breite: 2 cm

c Länge: 5 cm
Breite: 3 cm

d Länge: 7 cm
Breite: 1 cm

Vertiefe dein Wissen!

96 Wenn du jeweils 2 Dreiecke umlegst, erhältst du ein Quadrat. Trage in die Kästchen die Buchstaben der Dreiecke ein, die umgelegt werden müssen.

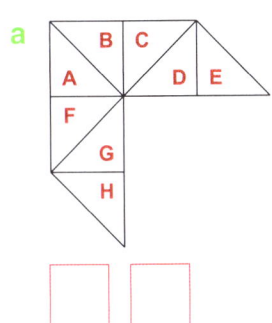

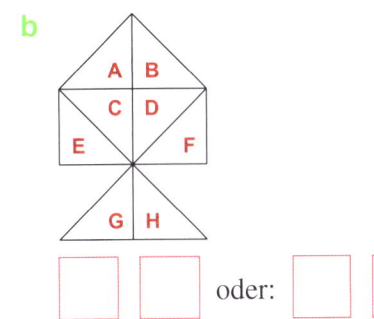

oder:

97 Bestimme den Flächeninhalt der Dreiecke. Welche haben den gleichen Flächeninhalt? Entnimm benötigte Maße aus den Zeichnungen.

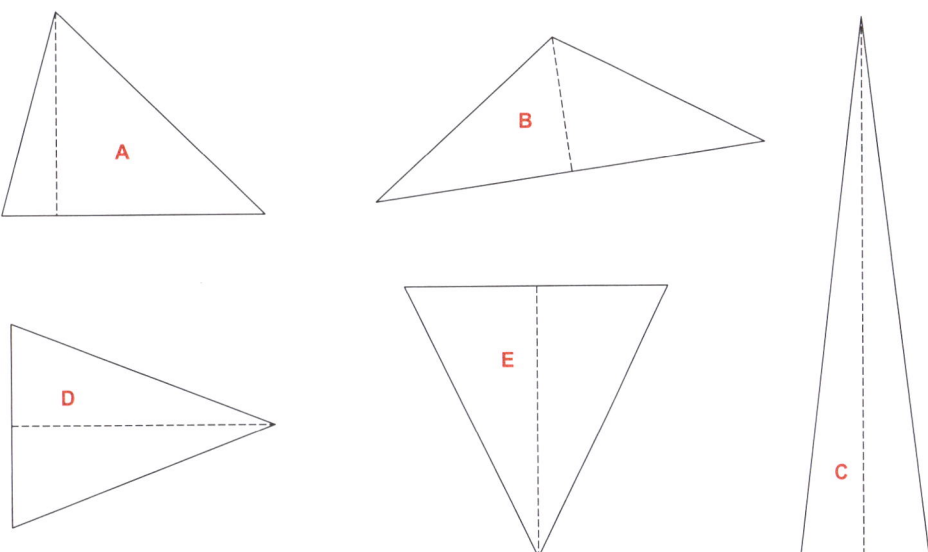

98 Bestimme den Flächeninhalt der Parallelogramme. Entnimm benötigte Maße aus der Skizze.
Was fällt dir auf? Hast du eine Erklärung dafür?

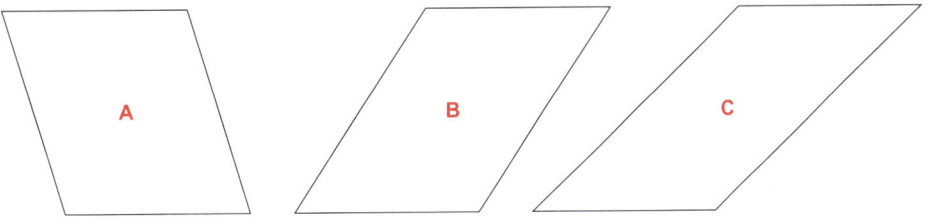

Vertiefe dein Wissen! →

99 Ein Paketdienst bietet verschiedene Päckchengrößen an. Gib das Volumen und die Oberfläche der Pakete an.

a

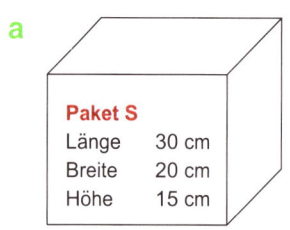

Paket S
Länge   30 cm
Breite   20 cm
Höhe   15 cm

b

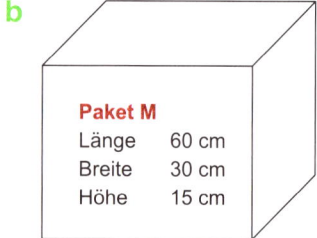

Paket M
Länge   60 cm
Breite   30 cm
Höhe   15 cm

100 Aus einem Draht, der 22 cm lang ist, wird ein Rechteck gebogen. Die Seitenlängen sollen ganzzahlig sein. Welche Längen sind möglich? Ergänze die Tabelle.

Seite a	1 cm	2 cm	3 cm			4 cm	8 cm
Seite b	10 cm			7 cm	5 cm		

101 Ergänze die fehlenden Maße in den Skizzen und berechne den Flächeninhalt der Formen.

TIPP
Zerlege in berechenbare Teilflächen.

a

16 dm

11 dm

10 dm

5 dm

b

7 m

6 m

2 m

2 m

3 m

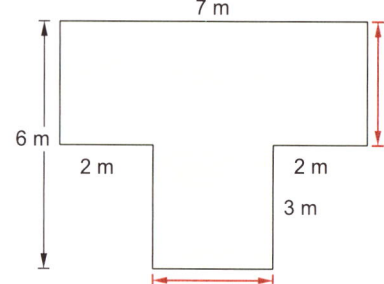

102 Die Figur besteht aus 7 gleich großen Quadraten. Der Flächeninhalt der ganzen Figur beträgt 448 cm^2.

a Welchen Flächeninhalt hat ein Quadrat?

b Wie groß ist der Umfang der gesamten Figur?

2 Textaufgaben aus der Geometrie lösen

Im Frühjahr gestaltet Bärbel ihren Garten um.
Die Skizze zeigt ein neues, großes Gemüsebeet,
auf dem sie Kartoffeln anpflanzen will. Dazu muss
zunächst die Erde umgegraben werden.

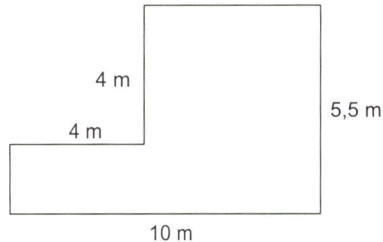

── WISSEN ──────────────

Gehe beim Lösen von Textaufgaben aus der Geometrie genauso vor wie bei
normalen Textaufgaben. Im zweiten Lösungsschritt hilft dir oft eine **Skizze** weiter,
in der du die gegebenen Maße etc. eintragen kannst.

BEISPIEL

Bärbel rechnet damit, dass sie für das Umgraben 9 Minuten pro m² benötigt.
Wie viele Stunden und Minuten braucht sie, um das ganze Beet umzugraben?

Lösung:

 1. Schritt: Lesen und verstehen

✓ Gefragt ist, wie lange Bärbel braucht, um das Beet umzugraben. Dazu muss
die Fläche des Beets berechnet werden.

2. Schritt: Notizen machen und Skizze anfertigen

✓ Zeitbedarf pro m²: 9 min

✓ gesucht: Zeit in Stunden und Minuten

✓ Skizze:

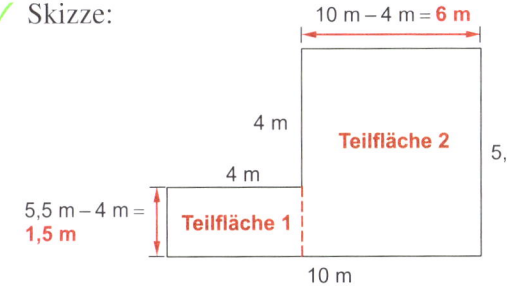

Ergänze in der vorhandenen Skizze
die **fehlenden Maße** und **zerlege**
in berechenbare Teilflächen.

Skizzen sind in der Regel nicht
maßstabsgetreu.

oder:

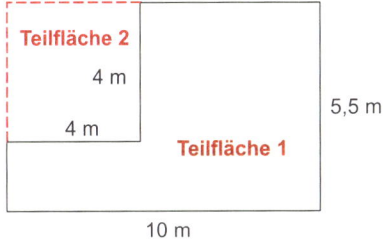

Du kannst die Figur auch zu einem
großen Rechteck **ergänzen**.

3. Schritt: Aufgabe lösen

Teilfläche 1:	Teilfläche 2:
$A_1 = a \cdot b$	$A_2 = a \cdot b$
$A_1 = 4\,m \cdot 1{,}5\,m$	$A_2 = 5{,}5\,m \cdot 6\,m$
$A_1 = 6\,m^2$	$A_2 = 33\,m^2$

Gesamtfläche:

$6\,m^2 + 33\,m^2 = 39\,m^2$

oder:

Teilfläche 1:	Teilfläche 2:
$A_1 = a \cdot b$	$A_2 = a \cdot b$
$A_1 = 10\,m \cdot 5{,}5\,m$	$A_2 = 4\,m \cdot 4\,m$
$A_1 = 55\,m^2$	$A_2 = 16\,m^2$

grüne Fläche:

$55\,m^2 - 16\,m^2 = 39\,m^2$ Du musst die Teilfläche 2 hier **subtrahieren**.

Zeitbedarf:

$39 \cdot 9\,min = 351\,min = 5\,h\;51\,min$ 1 Stunde hat 60 Minuten.

 4. Schritt: Ergebnis überprüfen

 5. Schritt: Antwort formulieren

Bärbel benötigt 5 Stunden und 51 Minuten, um das Beet umzugraben.

---

103 Die Firma „Straßenbau Röhrhart" bekommt den Auftrag, den Parkplatz eines Supermarktes neu zu asphaltieren.

a Ergänze die fehlenden Maße in der Skizze.

b Berechne die zu asphaltierende Fläche.

c Die Kosten belaufen sich auf 17 € pro m². Wie viel kostet das Asphaltieren des gesamten Parkplatzes?

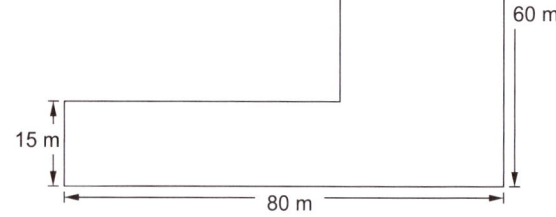

104
TIPP
Streiche überflüssige Angaben durch.

Ein Fußballstadion fasst 65 000 Zuschauer. Der Rasen des 110 m langen und 80 m breiten Spielfeldes muss erneuert werden. Im letzten Jahr fanden darauf nämlich 17 Punktspiele und 4 Pokalspiele statt.

Für wie viele Quadratmeter müssen Rasensamen gekauft werden? Zeichne zunächst eine Skizze.

105 Familie May plant den Bau eines Hauses.

a Die Familie möchte nicht mehr als 75 000 € für das Grundstück ausgeben.
Für die unten abgebildeten Grundstücke (Zeichnungen nicht maßstabsgetreu)
hat sie jeweils unterschiedliche Angebote bekommen. Für welche Fläche sollte
sich Familie May entscheiden?

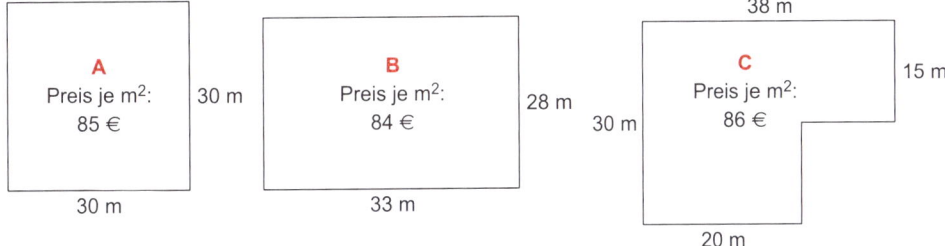

b Im Bauplan für das Haus der Familie May sind 2 Kinderzimmer eingezeichnet.
Gritt möchte unbedingt das größere Zimmer. Kannst du ihr helfen?

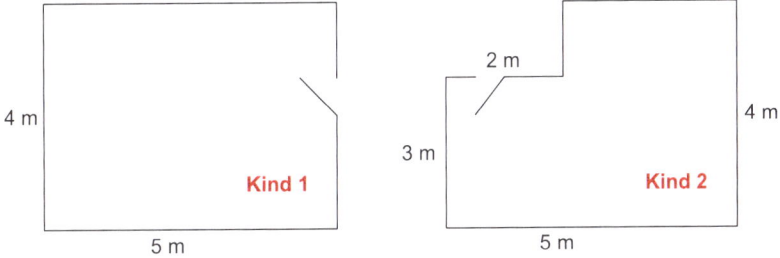

c Für die Kinder wird ein Sandkasten mit 2 m Länge und 1,5 m Breite angelegt.
Berechne die Fläche des Sandkastens. Zeichne erst eine Skizze und trage die
Maße ein.

106 Herr Gürstlinger möchte Bio-Eier produzieren.
Die Bio-Verordnung schreibt vor, dass dazu jedes
Huhn mindestens 4 m² Auslauf haben muss.
Der Hühnerauslauf von Herrn Gürstlinger ist
20 m lang und 45 m breit.
Berechne, wie viele Hühner Herr Gürstlinger
höchstens halten darf. Erstelle zunächst eine
Skizze.

Vertiefe dein Wissen! ———

107 Familie Klein renoviert ihre Wohnung.

    a Herr Klein legt sein Arbeitszimmer mit Korkfliesen aus. Bei Fliesen der Größe 30 cm × 30 cm benötigt er 180 Stück. Berechne die Fläche des Arbeitszimmers.

    b Das Kinderzimmer (18 m²) soll einen Fußboden aus Holzdielen erhalten. Eine Holzdiele ist 2 m lang und 30 cm breit. Wie viele Holzdielen werden benötigt?

    c Das Wohnzimmer (6 m lang, 4 m breit) bekommt eine neue Holzdecke. Im Baumarkt werden Bretter mit 3 m Länge und 20 cm Breite angeboten. Wie viele Bretter muss Familie Klein mindestens kaufen?

108 In einem Büro müssen der Fußboden und die Sockelleiste erneuert werden.

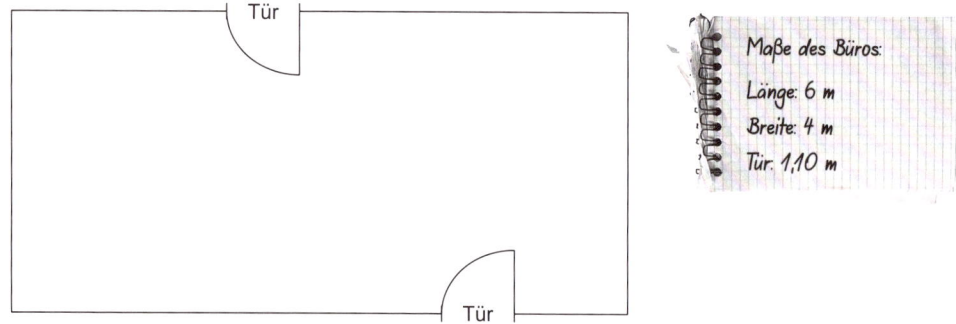

Firma Wuttke hat noch 19 m Sockelleisten und 22 m² Parkett auf Lager. Reichen die Lagerbestände für das Büro?

109 Inas Eltern haben sich ein Aquarium angeschafft. Es ist 6 dm hoch, 7,2 dm lang und 3 dm breit.

    a Berechne das Volumen. Gib das Ergebnis in Litern an.

    ✱ **b** Das Aquarium wird mit dem Gartenschlauch gefüllt. Durch den Schlauch fließen pro Minute 12 ℓ Wasser. Wie lange dauert es, bis das Aquarium voll ist?

110 Ein Paar Schuhe soll in eine Schuhschachtel mit einem Volumen von 6 300 cm³ (Breite: 18 cm, Höhe: 10 cm) verpackt werden.

    a Berechne, wie lang die Schuhe maximal sein dürfen.

    b Miss die Länge deiner Schuhe. Würden sie in die Schachtel passen?

Vertiefe dein Wissen!

111 Ein Molkereibetrieb füllt Milch in 2 verschiedene Verpackungen ab.

a Die Verpackungen werden nicht randvoll mit Milch gefüllt. Berechne, wie viele cm^3 jeweils ohne Füllung bleiben.

b Wie viele cm^2 Verbundkarton wird bei der Herstellung der Verpackungen jeweils benötigt?

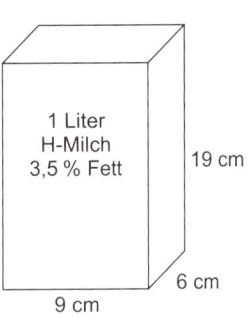

1 Liter H-Milch 3,5 % Fett — 19 cm — 6 cm — 9 cm

1 Liter Frischmilch 3,5 % Fett — 21 cm — 7 cm — 7 cm

112 Das Autohaus Schubert baut einen neuen Ausstellungspavillon. Um die Aufmerksamkeit der Kunden zu erwecken, wird die Frontseite mit auffällig geformten Schaufensterscheiben gestaltet.

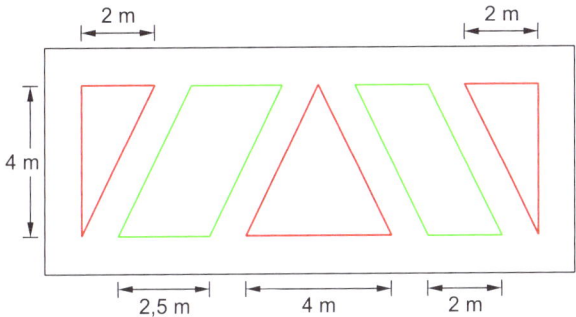

2 m — 2 m — 4 m — 2,5 m — 4 m — 2 m

1 m^2 Verbundsicherheitsglas kostet 85 €. Wie teuer kommt das Glas für die Schaufenster?

113 Bestimme das ungefähre Volumen des Containers. Schätze dazu zunächst die Höhe, Breite und Länge des Containers.

TIPP
Verwende zum Schätzen den Mann im Bild.

114 Die Schwimmhalle von Laras Schule hat eine quadratische Grundfläche mit einer Seitenlänge von 40 m. In der Halle gibt es ein großes quadratisches Becken, dessen Seitenlänge halb so lang ist wie die Seitenlänge der Schwimmhalle. Außerdem gibt es 3 kleine Becken, die auch eine quadratische Grundfläche haben. Ihre Seitenlängen sind jeweils genau halb so lang wie die des großen Beckens.

a Fertige eine Skizze an.

b Die Fläche um die Becken soll neu gefliest werden. Berechne, wie viele m² Fliesen benötigt werden.

115 Zoodirektor Edenhofer plant einige Veränderungen in seinem Tierpark.

a Die quadratische Grünfläche soll neu angesät werden. Ein Karton Rasensamen reicht für 1 a und kostet 37,60 €. Wie viel kostet das Anlegen des Rasens?

b Um den Streichelzoo wird ein neuer Holzzaun errichtet. Berechne, wie viele Meter Zaun benötigt werden.

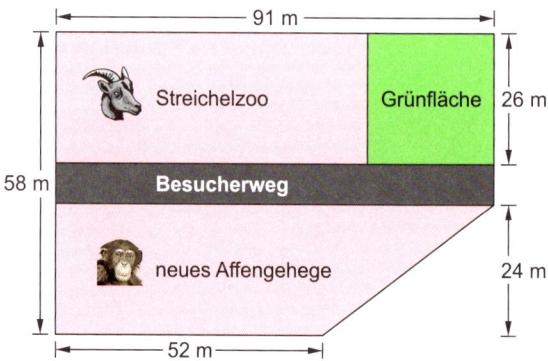

c Der Besucherweg muss neu gepflastert werden. Eine Betonplatte ist 1 m lang und 5 dm breit. Wie viele Platten werden mindestens benötigt?

d Pro Kapuziner-Äffchen muss mindestens ein Auslauf von 200 m² eingeplant werden. Wie viele Kapuziner-Äffchen können im neuen Affengehege wohnen?

116 Frau Forche muss den Treppenabsatz vor ihrem Haus erneuern. Der Absatz wird aus Beton gegossen (siehe Skizze).

a Wie viel dm³ Beton werden benötigt?

b 1 dm³ Beton wiegt ca. 3 kg. Berechne die Masse des Treppenabsatzes.

c Die Stufen der Treppe werden gefliest. Wie viele dm² werden benötigt, wenn mit 10 dm² Verschnitt zu rechnen ist?

d Die Fliesen kosten pro m² 38 €, der Beton kostet pro m³ 300 €. Für den Arbeitslohn werden insgesamt 315 € fällig. Berechne, wie viel Frau Forche insgesamt für den neuen Treppenabsatz bezahlen muss.

 Vertiefe dein Wissen!

40 Minuten

Test 5

1 Berechne die fehlenden Werte.

a Quadrat:
a = 12 cm
A = ?

____ von 1

b Rechteck:
a = 14 dm; A = 112 dm^2;
b = ?

____ von 1

c Quader:
a = 5 m; b = 3 m; V = 120 m^3;
c = ?

____ von 1

2 Ein Verlag plant den Druck eines neuen Buches. Eine Seite soll eine Länge von 14 cm und eine Höhe von 25 cm haben. Das verwendete Papier hat eine Masse von 90 g pro m^2.

a Wie viel wiegt ein Blatt in diesem Buch? Runde auf g.

____ von 2

b Das Buch hat 428 Seiten. Für das Cover werden 60 g veranschlagt. Wie schwer ist das Buch?

____ von 2

c Zur Auslieferung werden je 32 Bücher in einen Karton verpackt. Jeweils 42 Kartons werden auf eine Palette geladen. Berechne die Masse einer Palette. Runde das Ergebnis auf ganze t.

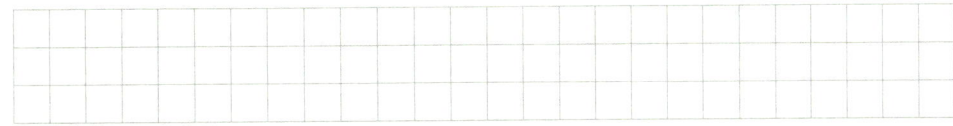

____ von 2

Teste dein Wissen!

3 Herr Weidinger verlegt Bodenleisten in einem rechteckigen Raum. Die lange Seite des Raumes misst 4,30 m. Die kurze Seite misst 3,40 m. Auf der langen Seite ist eine Tür mit einer Breite von 1 m. Herr Weidinger rechnet mit 120 cm Verschnitt. Wie viele m Bodenleisten benötigt er?

____ von 3

4 Ein neues Parfüm wird in Flaschen mit der abgebildeten Form abgefüllt.

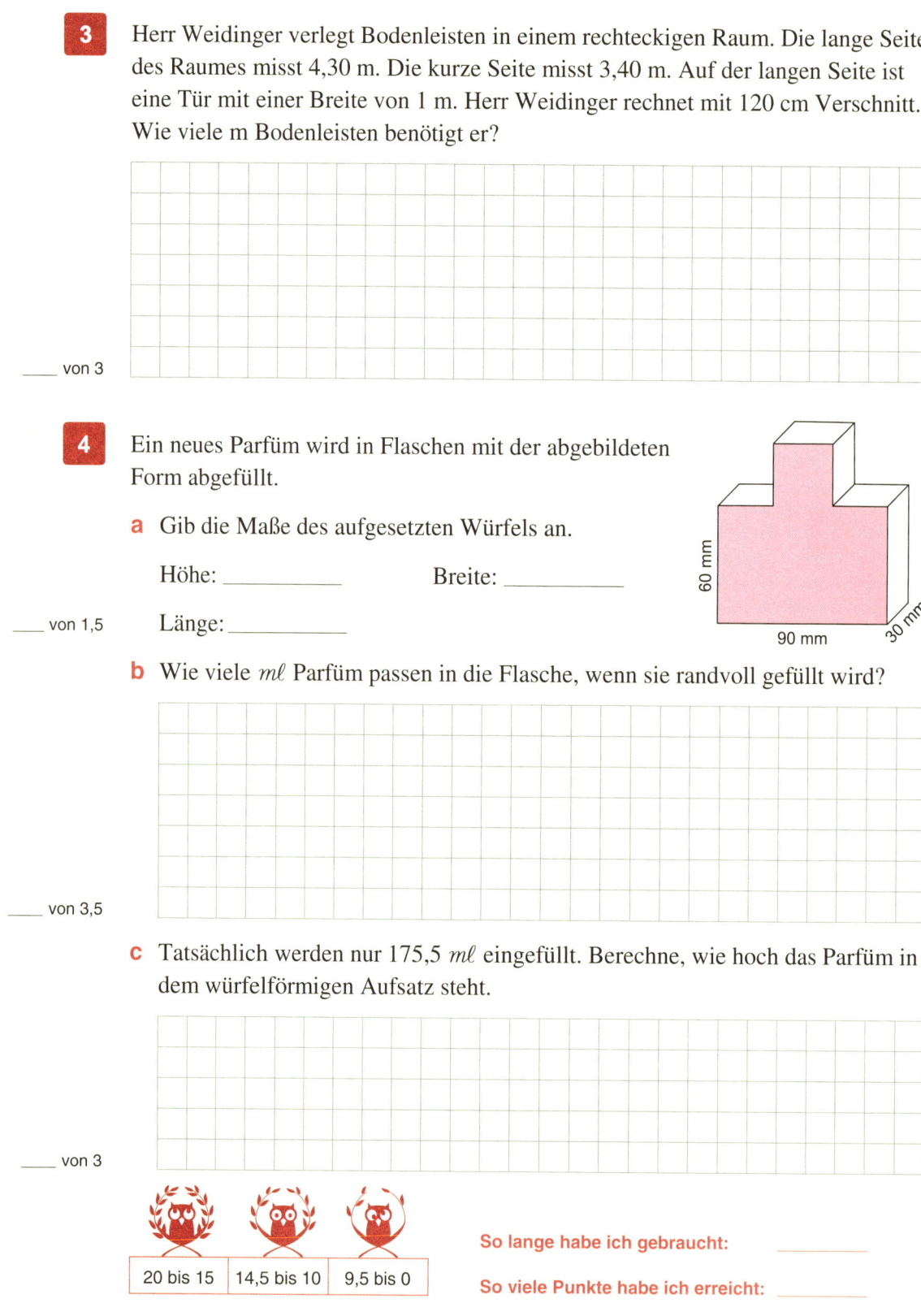

a Gib die Maße des aufgesetzten Würfels an.

Höhe: _____   Breite: _____

Länge: _____

____ von 1,5

b Wie viele $m\ell$ Parfüm passen in die Flasche, wenn sie randvoll gefüllt wird?

____ von 3,5

c Tatsächlich werden nur 175,5 $m\ell$ eingefüllt. Berechne, wie hoch das Parfüm in dem würfelförmigen Aufsatz steht.

____ von 3

20 bis 15	14,5 bis 10	9,5 bis 0

So lange habe ich gebraucht: _____

So viele Punkte habe ich erreicht: _____

40 Minuten

Test 6

1 Ein südkoreanischer Elektronikkonzern verpackt Laserdrucker in quaderförmige Kartons. Die Kartons haben eine quadratische Grundfläche von 1 600 cm^2 und sind 50 cm hoch. Für den Transport nach Europa werden die Kartons mit den Druckern in einem Schiffscontainer (Länge: 12 m; Breite: 2,6 m; Höhe: 2,5 m) verstaut. Berechne, wie viele Kartons in den Container passen.

_____ von 4

2 Ein Teil der Fassade eines Hauses muss neu gestrichen werden (grüne Fläche).

a Ein Eimer Außenfarbe reicht für 6 m^2.
Wie viele Eimer werden benötigt?

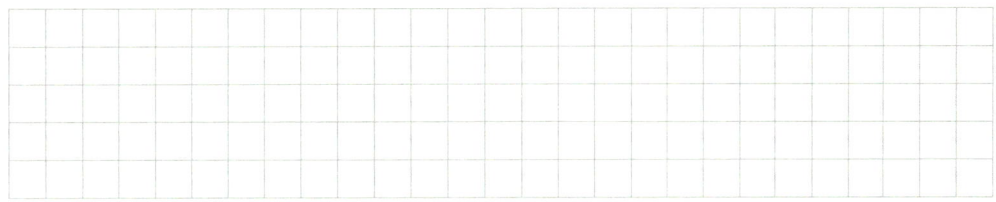

_____ von 6

b Nach dem 1. Anstrich sieht man die ursprüngliche Farbe noch durch, sodass ein 2. Anstrich nötig wird. Ein Eimer Farbe kostet 17,99 €. Berechne, wie viel insgesamt für Farbe ausgegeben werden muss.

_____ von 2

c Durch einen Sturm fällt ein Teil des Gerüstes um und das dreieckige Fenster sowie eines der beiden anderen Fenster gehen zu Bruch. 1 m^2 Fensterglas kostet 21,20 €. Wie teuer kommt das Erneuern der Scheiben?

_____ von 2

Teste dein Wissen!

3 Die neue Umgehungsstraße der Gemeinde Bredstedt führt durch die Weide von Landwirt Sørensen. Für das Stück, das für die Straße benötigt wird, bekommt Herr Sørensen eine Entschädigung von 18 € pro Quadratmeter.

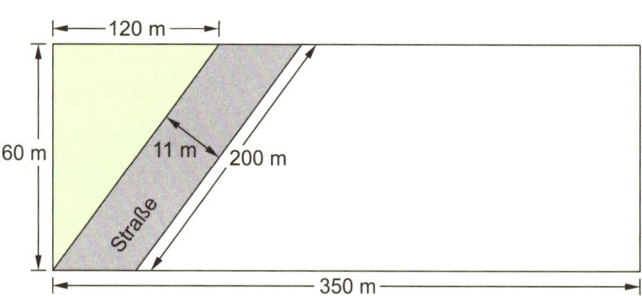

Für das dreieckige Flächenstück, auf dem die Gemeinde ein Feuchtbiotop errichten will, verlangt Herr Sørensen einen Preis von 86 400 €.

Um das Feuchtbiotop soll ein Maschendrahtzaun gezogen werden. Die Zaunpfosten werden im Abstand von 10 m eingeschlagen.

a Wie viel Geld bekommt Herr Sørensen für das Stück, das für den Straßenbau benötigt wird?

____ von 2

b Berechne den Quadratmeterpreis, den Herr Sørensen für das Stück verlangt, auf dem das Feuchtbiotop errichtet wird.

____ von 2

c Wie viele Meter Maschendrahtzaun und wie viele Zaunpfosten werden zum Einzäunen des Feuchtbiotops benötigt?

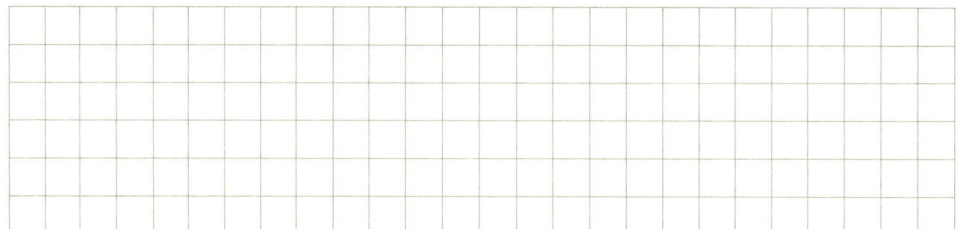

____ von 2

| 20 bis 15 | 14,5 bis 10 | 9,5 bis 0 |

So lange habe ich gebraucht: _____

So viele Punkte habe ich erreicht: _____

Lösungen

Textaufgaben lösen

- Wie lange war Samuel zu Hause?
  10 min (Mittagessen) + 45 min (Kleiderschrank) = 55 min   *dreiviertel Stunde = 45 Minuten*
  Samuel war 55 Minuten zu Hause.

- Wann ist Samuel von der Schule nach Hause gekommen?

  Samuel verlässt um 15:00 Uhr das Haus. Da er 55 Minuten zu Hause war, ist er um 14:05 Uhr von der Schule nach Hause gekommen.

- Wie viel Geld hat Samuel noch für das Eisessen übrig?

  Wie viel Geld hat Samuel dabei?
  $2 \cdot 1 € + 2 € + 20 € + 5 € = 29 €$ *Die paar Cent sind nicht wichtig.*

  Wie viele € bleiben für das Eisessen übrig?
  Ausgaben: 3,60 € (Fahrkarten) + 16 € (Kinokarten) = 19,60 €
  Übriges Geld: 29 € – 19,60 € = 9,40 €

  Samuel hat noch 9,40 € für das Eisessen übrig.

1 Kilian markiert unwichtige Angaben (z.B.: 12 km entfernte Waldschenke). Er vergisst dafür wichtige Angaben (z.B.: beide Kinder, jeweils).

Isabelle markiert nur die Zahlen, dafür auch die unwichtigen (12 km). Sie vergisst aber wichtige Angaben (z.B. die Anzahl der Portionen).

Susanne hat sinnvoll markiert.

2 **a** Elena will zu ihrem 13. Geburtstag ihre 4 besten Freundinnen ins Schwimmbad einladen. Elenas Vater gibt ihr 35 € für die Feier. Eine Tageskarte kostet 4,50 €. Zusätzlich möchte Elena noch Eis für alle kaufen. Eine Portion kostet 1,80 €. Reicht das Geld?

   b Frau Steinhuber kauft 1 kg Mehl. Sie benötigt 250 g davon für 14 große Pfannkuchen. Für einen Marmorkuchen benötigt sie weitere 550 g des Mehls. Jetzt möchte sie noch 4 Muffins backen. Reicht das Mehl, wenn sie für einen Muffin 45 g Mehl benötigt?

3 Stefan kann die Aufgabe trotzdem lösen. Die Tintenkleckse verdecken keine zur Lösung benötigten Angaben.

4 **a** Die Aufgaben unterscheiden sich zwar inhaltlich. Die für die Lösung wichtigen Kilometerangaben und Zusammenhänge sind aber gleich. Gesucht ist jeweils die zurückgelegte Strecke.

Hast du's gewusst?

b Mögliche Lösung:
Herr Bauer notiert bei einem Tankstopp 12 342 km. Bei einem Kilometerstand von
12 750 km macht er eine Pause. Wie viele km ist er seit dem Tanken gefahren?

5 Aussagen:

		wahr	falsch	unwichtig	
a	Songül wird 12 Jahre alt.	☐	☐	✗	
b	Songül lädt insgesamt 8 Personen zur Party ein.	☐	✗	☐	Sie lädt **10 Personen** ein.
c	Auf der Party gibt es Essen und Trinken.	☐	☐	✗	
d	Die Party kostet pro Person 4,50 €.	✗	☐	☐	
e	Songül bekommt von ihren Eltern 23,50 €.	☐	✗	☐	Von den Eltern bekommt sie **10 €**.
f	Songüls Oma ist total nett, weil sie ihr Geld gibt.	☐	☐	✗	
g	Songül bekommt von ihrer Oma 20 €.	✗	☐	☐	10 € · 2 = 20 €

6

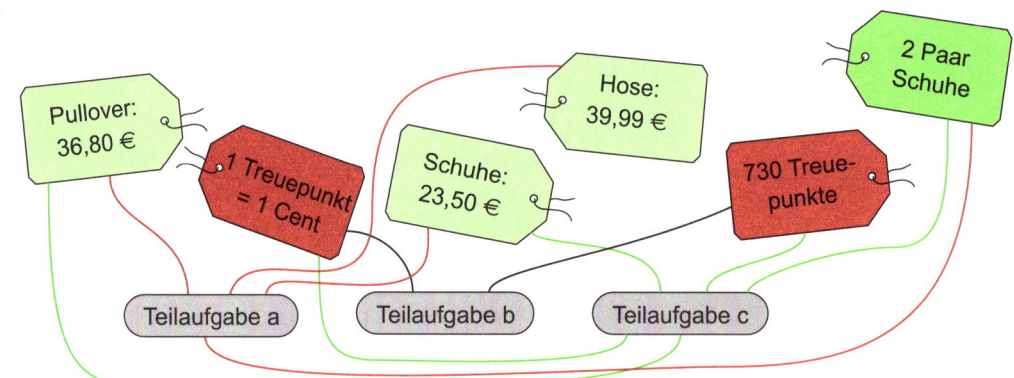

7 **a** Zu Monatsbeginn hatte Frau Bergmann 2 100 € auf ihrem Konto. Am Monatsende sind es
noch 326 €. Wie viel € hat Frau Bergmann ausgegeben?

b Zu Jahresbeginn zeigte der Stromzähler von Herrn Zitzelsberger 13 215,5 kWh an. Am
Jahresende zeigte der Zähler 16 135,5 kWh an. Wie viele kWh hat Herr Zitzelsberger im
abgelaufenen Jahr verbraucht?

8 **a** 100 g Pommes haben 310 kcal.

b
Chicken Wings:	220 kcal · 2 =	440 kcal	**100 g** Chicken Wings haben 220 kcal.
Pommes:	310 kcal · 2 =	620 kcal	**100 g** Pommes haben 310 kcal.
Marzipantorte:	360 kcal · 2 =	720 kcal	**100 g** Marzipantorte haben 360 kcal.
Summe:		1 780 kcal	

Zweites Tortenstück:
720 kcal + 1 780 kcal = 2 500 kcal

Andreas könnte sich ein zweites Stück Torte genehmigen, wenn er an diesem Tag sonst
nichts mehr isst.

Hast du's gewusst?

Lösungen

9

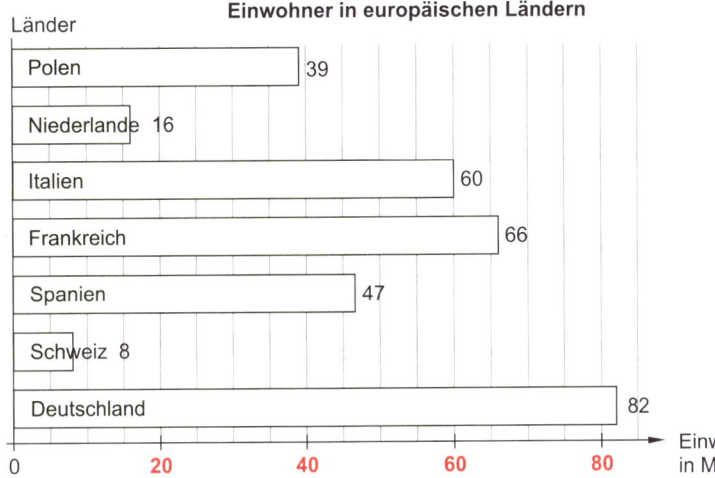

Einwohner in europäischen Ländern

Länder

Polen 39
Niederlande 16
Italien 60
Frankreich 66
Spanien 47
Schweiz 8
Deutschland 82

0 20 40 60 80 Einwohner in Mio.

Der **kürzeste** Balken gehört zu dem Land mit den **wenigsten** Einwohnern.

10

a Das angefangene Diagramm passt zur Klasse 6 c.

b

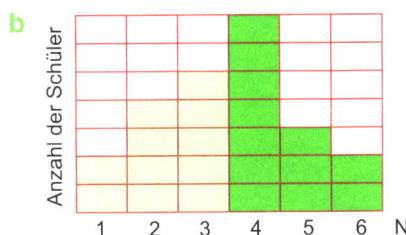

Anzahl der Schüler

1 2 3 4 5 6 Note

Jedes ausgefüllte Kästchen steht für **einen Schüler**.

11

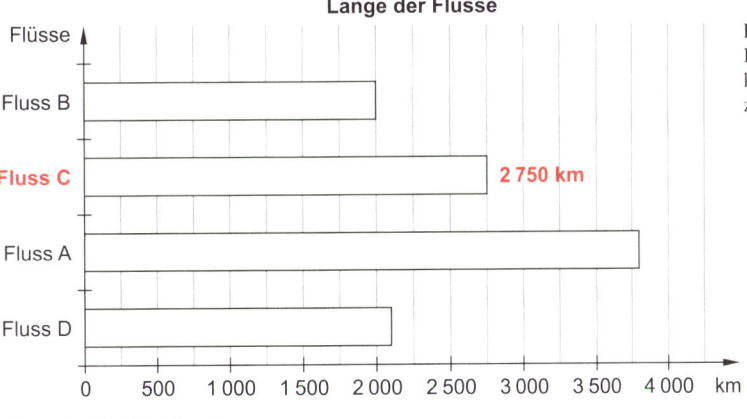

Länge der Flüsse

Flüsse

Fluss B
Fluss C **2 750 km**
Fluss A
Fluss D

0 500 1 000 1 500 2 000 2 500 3 000 3 500 4 000 km

Fluss A gehört zum längsten Balken, Fluss B zum kürzesten. Fluss C gehört zum **zweitlängsten** Balken.

Fluss C ist 2 750 km lang.

Hast du's gewusst?

12

	Anzahl (grafisch)	Anzahl
Gesamtschülerzahl		**170**
Jungen		**110**
Mädchen		**60**
evangelisch		116 ≈ 120
katholisch		33 ≈ 30
islamisch		21 ≈ 20

entspricht 10 Schülern

13 Familie Thalmann muss Karten für 3 Erwachsene und 1 Kind kaufen.

Einzelkarten für 6 Stunden:
1 Erwachsener: $4{,}50\ € + 4 \cdot 2\ € = 12{,}50\ €$
1 Kind: $3\ € + 4 \cdot 2\ € = 11\ €$

Die Einzelkarten für Erwachsene kosten mit der Zuzahlung für die zusätzlichen Stunden genauso viel wie die Tageskarten, für Kinder sind die Einzelkarten sogar teurer.
Ich würde der Familie daher zu **Tageskarten** raten.
Die Familie könnte dann auch spontan länger als 6 Stunden bleiben und müsste nicht mehr bezahlen.

Sven zählt als Erwachsener, da er **älter als 12 Jahre** ist.

Es müssen **4 zusätzliche Stunden** bezahlt werden.

Die Familien-Tageskarte kommt nicht infrage, da Familie Thalmann für 3 Erwachsene und ein Kind bezahlen muss.

14 a $189 + 211 = 400$

b $1\,000 - 555 = 445$

c $(12 + 28) \cdot 40 = 40 \cdot 40 = 1\,600$

d $(57 - 9) : 8 = 48 : 8 = 6$

e $(12 + 78) - (78 - 12) = 90 - 66 = 24$

15 a $(48 + 34) \cdot 3 = 82 \cdot 3 = 246$

b $(672 - 276) : 2 = 396 : 2 = 198$

c $(57 - 10) \cdot 4 = 47 \cdot 4 = 188$

d $(33 + 22) \cdot 8 = 55 \cdot 8 = 440$

Hast du's gewusst?

16

a Ein Tablet kostet 218 €. Es <u>verbilligt</u> sich um 39 €.

b Der Preis für Benzin hat sich in den letzten 40 Jahren fast <u>vervierfacht</u>. Damals hat ein Liter 40 ct gekostet.

c Die Kinokarten für Kinder unter 14 Jahren kosten 4,50 €. Sie sollen sich um 1,50 € <u>verteuern</u>.

d Durch die neue U-Bahn-Linie hat sich die Fahrzeit von 46 Minuten <u>halbiert</u>.

e Der Eintritt in den Wildwasserpark kostet 9,50 € <u>pro Person</u>.

+	−	·	:
	X		
		X	
X			
			X
		X	

17

verzehnfachen · Rabatt · verteuern · erhöht sich · reduzieren · verbilligen · abzüglich · pro Person · halbieren · zuzüglich · Preisnachlass · Preiserhöhung · Ermäßigung

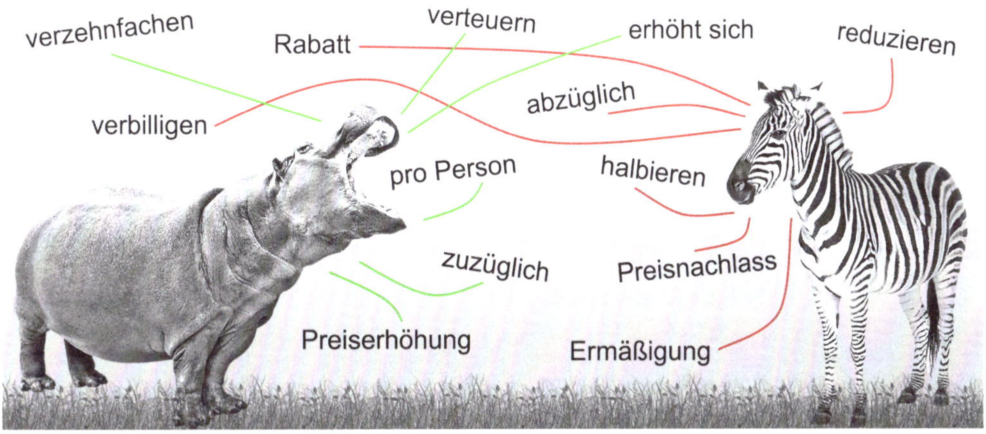

18

„Rabatt" bedeutet, dass ich 2,50 € vom Eintrittspreis *subtrahieren* muss.

„Pro Person" bedeutet, dass ich die Anzahl der Personen mit dem Eintrittspreis *multiplizieren* muss.

„Zu je 2,80 €" bedeutet, dass ich den Preis für einmal Popcorn mit der Anzahl *multiplizieren* muss.

19

a $35 € - 12 € = 23 €$

b $8 € : 2 = 4 €$

c $8 \cdot 12 € = 96 €$

Hast du's gewusst?

d $880 \text{ €} - 230 \text{ €} = 650 \text{ €}$

e $79 \text{ €} + 4 \text{ €} = 83 \text{ €}$

f $24 \cdot 6 \text{ €} = 144 \text{ €}$

$23 \text{ €} + 4 \text{ €} + 96 \text{ €} + 650 \text{ €} + 83 \text{ €} + 144 \text{ €} = 1\,000 \text{ €}$

20 Ysra versteht die Aufgabe richtig.

21 a $179 \text{ €} + 60 \text{ €} = 239 \text{ €}$

Das Smartphone hat ursprünglich 239 €
gekostet.

Überprüfe dein Ergebnis jeweils:
ursprünglicher Preis – Preissenkung = neuer Preis

b $279 \text{ g} \cdot 2 = 558 \text{ g}$

Ursprünglich hat der Akku 558 g gewogen.

ursprüngliche Masse : 2 = neue Masse

c $7\,250 \text{ kg} - 2\,300 \text{ kg} = 4\,950 \text{ kg}$

Der Lieferwagen hat ein Leergewicht von
4 950 kg.

Leergewicht + Ladung = Gesamtgewicht

22 a $79 \text{ €} - 15 \text{ €} = 64 \text{ €}$

Die Leiter kostet 64 €.

b $189 \text{ €} + 35 \text{ €} = 224 \text{ €}$

Die Bohrmaschine hat ursprünglich 224 € gekostet.

ursprünglicher Preis – Rabatt = neuer Preis

c Bohrmaschine: 189 €
3 Pinsel: $3 \cdot 6 \text{ €} =$ 18 €
3 Farbeimer: $3 \cdot 24 \text{ €} =$ $\underline{72 \text{ €}}$
Einkaufswert: 279 €
Zu bezahlen: $279 \text{ €} - 20 \text{ €} = 259 \text{ €}$
Herr Tuschel muss an der Kasse 259 € bezahlen.

Der Einkaufswert liegt über 200 €, er bekommt also
20 € Rabatt.

23 a Shoppen:

Der Pullover kostet 0,80 €.

Tom bekommt 8,45 € Rabatt.

Frau Ott bezahlt insgesamt 45,98 €.

b Handyvertrag:

Lea bezahlt 190 € Grundgebühr pro Monat.

Leo hat eine Handyrechnung von 28,54 €.

Carina telefoniert 15 Minuten.

Hast du's gewusst?

c Mofa:

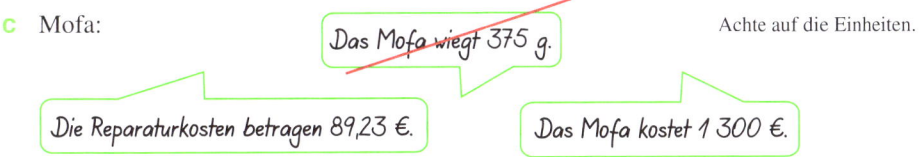

Die Reparaturkosten betragen 89,23 €.

Das Mofa wiegt 375 g.

Das Mofa kostet 1 300 €.

Achte auf die Einheiten.

24 a

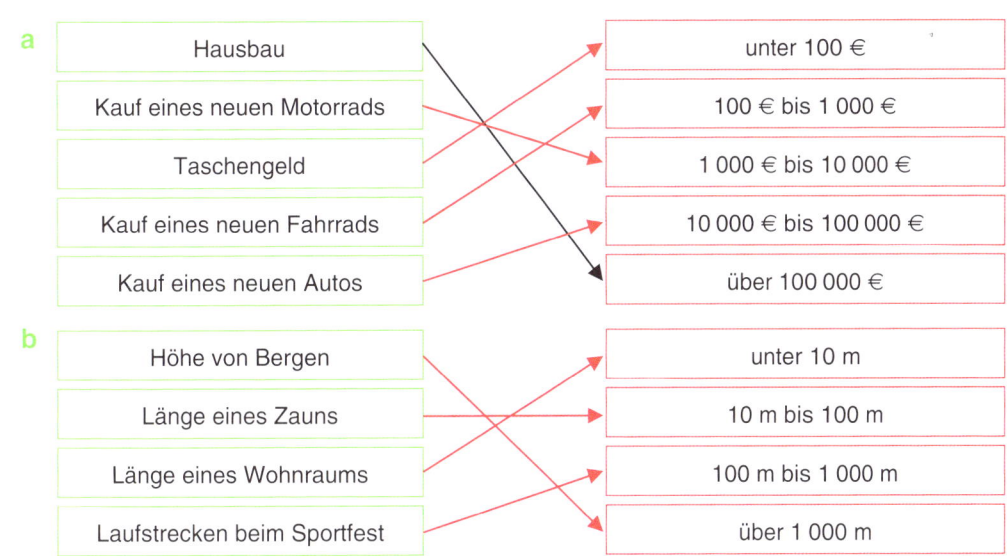

Hausbau		unter 100 €
Kauf eines neuen Motorrads		100 € bis 1 000 €
Taschengeld		1 000 € bis 10 000 €
Kauf eines neuen Fahrrads		10 000 € bis 100 000 €
Kauf eines neuen Autos		über 100 000 €

b

Höhe von Bergen		unter 10 m
Länge eines Zauns		10 m bis 100 m
Länge eines Wohnraums		100 m bis 1 000 m
Laufstrecken beim Sportfest		über 1 000 m

25 a Lisas Lösung ist **falsch:** 35 h und 54 min wären rund $1\frac{1}{2}$ Tage Fahrzeit.

Ahmeds Lösung ist **falsch:** Die Entfernung zwischen Hamburg und München beträgt ca. 850 km. Die Strecke ist mit der Bahn nicht in 38 min zu schaffen.

Paulas Lösung ist **realistisch**.

b Maxis Lösung ist **realistisch**.

Freds Lösung ist **falsch:** Die Mutter wäre genauso alt wie Michaela.

Marias Lösung ist **falsch:** Beide Eltern zusammen sind 66 Jahre alt.

26 a

Überschlag:
$700 + 900 = 1\,600$

genaues Ergebnis:
$$\begin{array}{r} 716 \\ +\ 881 \\ \hline 1\,597 \end{array}$$

b

Überschlag:
$2\,400 - 1\,700 = 700$

genaues Ergebnis:
$$\begin{array}{r} 2\,420 \\ -\ 1\,697 \\ \hline 723 \end{array}$$

c

Überschlag:
$600 \cdot 40 = 24\,000$

genaues Ergebnis:
$$\begin{array}{r} 627 \cdot 39 \\ \hline 18\,810 \\ 5\,643 \\ \hline 24\,453 \end{array}$$

d

Überschlag:
$60 \cdot 80 - 600 =$
$4\,800 - 600 =$
$4\,200$

genaues Ergebnis:
$63 \cdot 75 - 586 =$
$4\,725 - 586 =$
$4\,139$

27

$$3 \cdot 10\,€ + 4 \cdot 20\,€ = 110\,€ \qquad 200\,€ + 40\,€ + 2 \cdot 50\,€ = 340\,€ \qquad 400\,€ - 180\,€ - 170\,€ = 50\,€$$

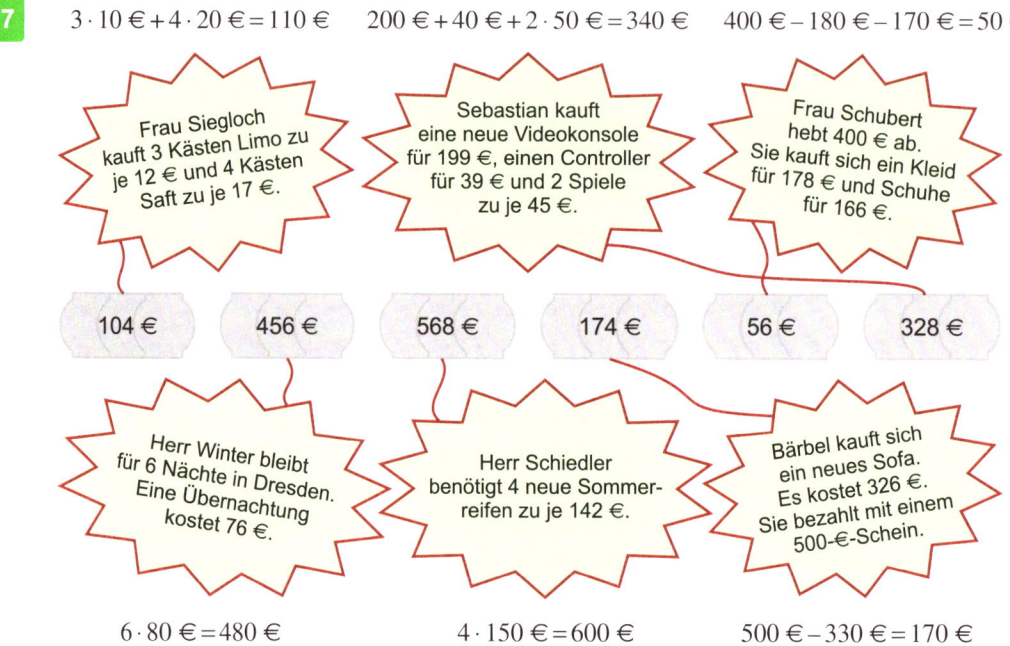

$$6 \cdot 80\,€ = 480\,€ \qquad\qquad 4 \cdot 150\,€ = 600\,€ \qquad\qquad 500\,€ - 330\,€ = 170\,€$$

28

Ariane rechnet **falsch:** Der Rabatt wird vom Gesamtpreis **subtrahiert**, nicht addiert.

Miroslav rechnet **falsch:** Er berücksichtigt nur 6 Waggons.

Paula rechnet **richtig**.

29

a

✓ Rabatt nicht vergessen   es geht um Geldbeträge ✓

Das könnte wichtig werden!

✓ 2 unterschiedliche Rabatte   die Frage ist, wie viel Geld übrig bleibt ✓

b Die Marktgemeinde Lerchenau stellt der ansässigen Schule 10 200 € für neue Anschaffungen zur Verfügung. Von dem Geld sollen 5 Multimedia-Laptops zu je 895 € und 7 Beamer zu je 425 € angeschafft werden. Zusätzlich sollen 46 neue Mathebücher zu je 30 € gekauft werden.
Die Computer-Firma gewährt 80 € Rabatt pro Laptop und 35 € Rabatt je Beamer.
Wie viel Geld bleibt für weitere Anschaffungen übrig?

Das weiß ich:

✓ 10 200 € zur Verfügung

✓ 5 Laptops je 895 €   ✓ 80 € Rabatt je Laptop

✓ 7 Beamer je 425 €   ✓ 35 € Rabatt je Beamer

✓ 46 Mathebücher je 30 €

✓ gesucht: Restgeld

Hast du's gewusst?

c Kosten für einen Laptop abzüglich Rabatt:
895 € – 80 € = 815 €

Kosten für 5 Laptops:
815 € · 5 = **4 075 €**

Kosten für einen Beamer abzüglich Rabatt:
425 € – 35 € = 390 €

Kosten für 7 Beamer:
390 € · 7 = **2 730 €**

Kosten für 46 neue Mathebücher:
30 € · 46 = **1 380 €**

Gesamtkosten:

```
    4 075 €
    2 730 €
+   1 380 €
    8 185 €
```

Geld für weitere Anschaffungen:

```
   10 200 €
−   8 185 €
    2 015 €
```

d Das Ergebnis liegt im richtigen Größenbereich und klingt sinnvoll.

Überschlag:
Laptops: 5 · 800 € = 4 000 €
Beamer: 7 · 400 € = 2 800 €
Bücher: 50 · 30 € = 1 500 €
Gesamtkosten: 8 300 €

Geld für weitere Anschaffungen:
10 000 € – 8 000 € = 2 000 €

Der Überschlag bestätigt das Ergebnis der Rechnung.

e Es bleiben 2 015 € für weitere Anschaffungen übrig.

30 ■ Herr Samardzic macht sein Auto fit für den Winter: Zunächst tankt er 43 ℓ Autogas für 0,90 € pro Liter. Anschließend fährt er das Auto für 13 € durch die Waschanlage. Zuletzt besorgt er einen 5-ℓ-Kanister Wischwasser für 10 € und einen Liter Motoröl für 7 €. Am Morgen hat Herr Samardzic 100 € abgehoben. Wie viel Geld bleibt ihm, um mit seiner Frau zum Mittagessen zu gehen?

Das weiß ich:
✓ 43 ℓ Autogas je 0,90 €
✓ Wischwasser 10 €
✓ abgehoben 100 €
✓ gesucht: übriges Geld für das Mittagessen

✓ Waschanlage 13 €
✓ Motoröl 7 €

Lösung:
Kosten für 43 ℓ Autogas:
0,90 € · 43 = 38,70 €

Ausgaben:
Autogas: 38,70 €
Waschanlage: 13,00 €
Wischwasser: 10,00 €
Motoröl: 7,00 €
Summe: 68,70 €

Restgeld:
$100,00 € - 68,70 € = 31,30 €$

■ Das Ergebnis liegt im richtigen Größenbereich.
Überschlag:

Autogas:	$1 € \cdot 40 = 40 €$
Waschanlage:	$10 €$
Wischwasser:	$10 €$
Motoröl:	$10 €$
Summe:	$70 €$

Restgeld:
$100 € - 70 € = 30 €$

Der Überschlag bestätigt das Ergebnis der Rechnung.

■ Herr Samardzic hat noch 31,30 € für das Mittagessen übrig.

31 Das weiß ich:
✔ Preis für das Rennrad: 850 €
✔ Anzahlung: 210 €
✔ 16 gleich große Monatsraten
✔ gesucht: Höhe einer Monatsrate

Lösung:
Höhe der 16 gleich großen Monatsraten:
$850 € - 210 € = 640 €$

Höhe einer Monatsrate:
$640 € : 16 = 40 €$

Die Höhe einer Monatsrate beträgt 40 €.

32 Das weiß ich:
✔ 5 Übernachtungen
✔ 2 Erwachsene je 72 € pro Übernachtung
✔ 2 Kinder je die Hälfte von 72 € pro Übernachtung
✔ 50 € Stammkundenrabatt
✔ gesucht: Kosten der Reise für 5 Übernachtungen

Lösung:
Kosten für 2 Erwachsene für 5 Übernachtungen:
$2 \cdot 5 \cdot 72 € = 720 €$

Kosten für 2 Kinder für 5 Übernachtungen:
$2 \cdot 5 \cdot (72 € : 2) = 10 \cdot 36 € = 360 €$

Kosten für 5 Übernachtungen ohne Rabatt:
$360 € + 720 € = 1\,080 €$

Kosten für 5 Übernachtungen mit Rabatt:
$1\,080 € - 50 € = 1\,030 €$

Die Reise kostet insgesamt 1 030 €.

33 **a** Rechenbaum:

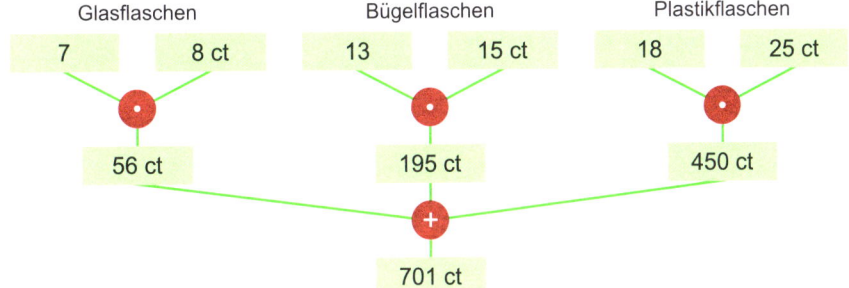

Gesamtansatz:

$7 \cdot \textbf{8 ct} + \textbf{13} \cdot 15 \text{ ct} + \textbf{18} \cdot 25 \text{ ct} = 56 \text{ ct} + 195 \text{ ct} + 450 \text{ ct} = 701 \text{ ct} = 7{,}01 \text{ €}$

Torben bekommt am Pfandautomaten 7,01 €.

b Rechenbaum:

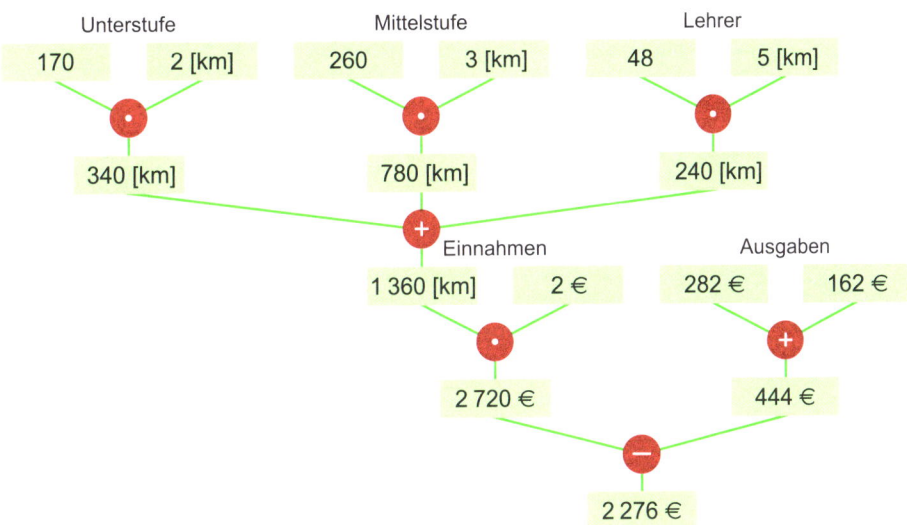

Gesamtansatz:

$(170 \cdot \textbf{2} + \textbf{260} \cdot 3 + \textbf{48} \cdot 5) \cdot \textbf{2} \text{ €} - (282 \text{ €} + \textbf{162} \text{ €}) = (340 + 780 + 240) \cdot 2 \text{ €} - 444 \text{ €} =$
$1\,360 \cdot 2 \text{ €} - 444 \text{ €} = 2\,720 \text{ €} - 444 \text{ €} = 2\,276 \text{ €}$

Das gesammelte Spendengeld beträgt 2 276 €.

34 **a** Rechenbaum:

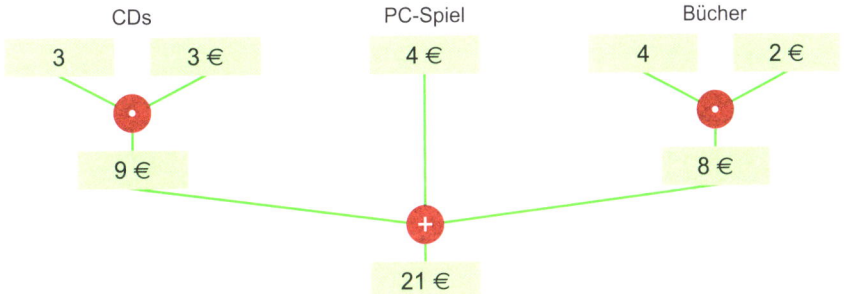

Hast du's gewusst?

Gesamtansatz:

$3 \cdot 3 \ \text{€} + 4 \ \text{€} + 4 \cdot 2 \ \text{€} = 9 \ \text{€} + 4 \ \text{€} + 8 \ \text{€} = 21 \ \text{€}$

Jonas muss 21 € bezahlen.

b Rechenbaum:

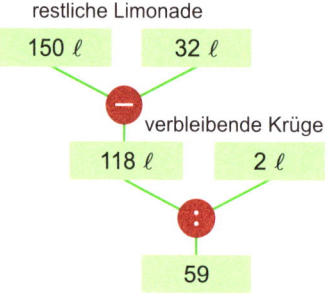

Gesamtansatz:

$(150 \ \ell - 32 \ \ell) : 2 \ \ell = 118 \ \ell : 2 \ \ell = 59$

Es können noch 59 Krüge gefüllt werden.

c Rechenbaum:

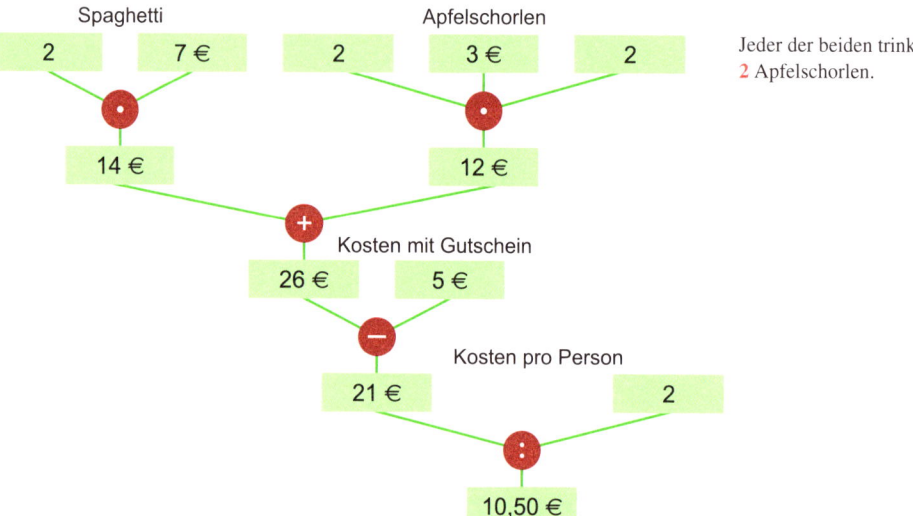

Jeder der beiden trinkt **2** Apfelschorlen.

Gesamtansatz:

$(2 \cdot 7 \ \text{€} + 2 \cdot 3 \ \text{€} \cdot 2 - 5 \ \text{€}) : 2 = (14 \ \text{€} + 12 \ \text{€} - 5 \ \text{€}) : 2 = 21 \ \text{€} : 2 = 10,50 \ \text{€}$

Jeder der beiden muss 10,50 € bezahlen.

35 **a** Rechenbaum:

aufzufüllende Menge

| 15 000 ℓ | 2 500 ℓ |

(−)

benötigte Zeit

| 12 500 ℓ | 250 ℓ |

(:)

50

Pro Minute werden 250 ℓ eingepumpt.

Gesamtansatz:
$(15\,000\ \ell - 2\,500\ \ell) : 250\ \ell = 12\,500\ \ell : 250\ \ell = 50$

Es dauert 50 Minuten, bis der Tank voll ist.

b Rechenbaum:

Kosten Öl

| 12 500 [ℓ] | 0,75 € |

(·)

Gesamtkosten

| 9 375 € | 126 € |

(+)

9 501 €

Die aufzufüllende Menge Heizöl ist aus Teilaufgabe a bekannt.

Gesamtansatz:
$12\,500 \cdot 0,75\ € + 126\ € = 9\,375\ € + 126\ € = 9\,501\ €$

Das Auffüllen des Tanks kostet 9 501 €.

c Teilaufgabe a:

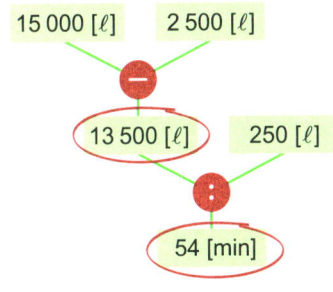

Teilaufgabe b:

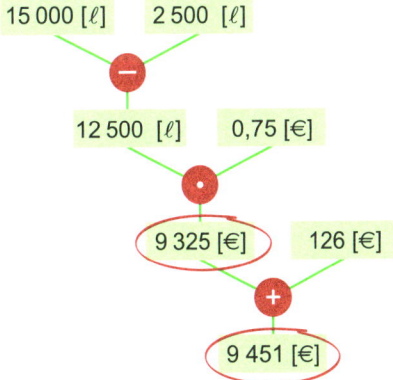

36 **a**

$:15 \left(\begin{array}{rcl} 15\,\ell & \triangleq & 30\,€ \\ 1\,\ell & \triangleq & 2\,€ \\ 12\,\ell & \triangleq & \mathbf{24\,€} \end{array} \right) :15$
$\cdot 12$ ... $\cdot 12$

b

$:15 \left(\begin{array}{rcl} 15\,km & \triangleq & 60\,min \\ 1\,km & \triangleq & \mathbf{4\,min} \\ 6\,km & \triangleq & \mathbf{24\,min} \end{array} \right) :15$
$\cdot 6$ ... $\cdot 6$

c

$:75 \left(\begin{array}{rcl} 75\,g & \triangleq & 1{,}50\,€ \\ 1\,g & \triangleq & \mathbf{0{,}02\,€} \\ 250\,g & \triangleq & \mathbf{5{,}00\,€} \end{array} \right) :75$
$\cdot 250$ ... $\cdot 250$

d

$:1200 \left(\begin{array}{rcl} 1\,200\,g & \triangleq & 6\,000\,€ \\ 1\,g & \triangleq & \mathbf{5\,€} \\ 420\,g & \triangleq & \mathbf{2\,100\,€} \end{array} \right) :1200$
$\cdot 420$ ... $\cdot 420$

37

Bohnen:

$:6 \left(\begin{array}{rcl} 6\,kg & \triangleq & 21{,}00\,€ \\ 1\,kg & \triangleq & 3{,}50\,€ \end{array} \right) :6$

Kartoffeln:

$:8 \left(\begin{array}{rcl} 8\,kg & \triangleq & 12{,}00\,€ \\ 1\,kg & \triangleq & 1{,}50\,€ \end{array} \right) :8$

Karotten:

$:9 \left(\begin{array}{rcl} 9\,kg & \triangleq & 18{,}00\,€ \\ 1\,kg & \triangleq & 2{,}00\,€ \end{array} \right) :9$

38

Linda:

$\cdot 3 \left(\begin{array}{rcl} 100\,g & \triangleq & 4\,€ \\ 300\,g & \triangleq & 12\,€ \end{array} \right) \cdot 3$

Laurin:

$\cdot 6 \left(\begin{array}{rcl} 100\,g & \triangleq & 4\,€ \\ 600\,g & \triangleq & 24\,€ \end{array} \right) \cdot 6$

Linda muss 12 € bezahlen, Laurin 24 €.

39 **a** Preis pro m²:

$:780 \left(\begin{array}{rcl} 780\,m^2 & \triangleq & 62\,400\,€ \\ 1\,m^2 & \triangleq & 80\,€ \end{array} \right) :780$

b

$\cdot 1260 \left(\cdot 625 \left(\cdot 840 \left(\begin{array}{rcl} 1\,m^2 & \triangleq & 80\,€ \\ 840\,m^2 & \triangleq & 67\,200\,€ \\ 625\,m^2 & \triangleq & 50\,000\,€ \\ 1\,260\,m^2 & \triangleq & 100\,800\,€ \end{array} \right) \cdot 840 \right) \cdot 625 \right) \cdot 1260$

Der Preis für 1 m² ist aus Teilaufgabe a bekannt.

Die anderen Grundstücke kosten 67 200 € (840 m²), 50 000 € (625 m²) und 100 800 € (1 260 m²).

40

$:40 \left(\begin{array}{rcl} 40\,Flaschen & \triangleq & 24{,}00\,€ \\ 1\,Flasche & \triangleq & 0{,}60\,€ \\ 6\,Flaschen & \triangleq & 3{,}60\,€ \end{array} \right) :40$
$\cdot 6$ ... $\cdot 6$

Lukas und sein Vater kaufen **insgesamt 40 Flaschen** Limonade.
In einem Sixpack sind **6 Flaschen**.

Ein Sixpack der Limonade kostet 3,60 €.

Hast du's gewusst?

41

$$: 3 \left(\begin{array}{c} 3 \text{ kg} \; \triangleq \; 7{,}50 \; € \\ 1 \text{ kg} \; \triangleq \; 2{,}50 \; € \\ 5 \text{ kg} \; \triangleq \; 12{,}50 \; € \end{array} \right) : 3$$
$$\cdot 5   \cdot 5$$

Die Kundin bezahlt 12,50 €.

42

a

$$: 52 \left(\begin{array}{c} 52 \; \ell \; \triangleq \; 39 \text{ kg} \\ 1 \; \ell \; \triangleq \; 0{,}75 \text{ kg} \\ 3{,}5 \; \ell \; \triangleq \; 2{,}625 \text{ kg} \end{array} \right) : 52$$
$$\cdot 3{,}5 \cdot 3{,}5$$

Eine Tankfüllung wiegt 2,625 kg.

b Masse des geladenen Benzins:

$$\cdot 12\,300 \left(\begin{array}{c} 1 \; \ell \; \triangleq \; 0{,}75 \text{ kg} \\ 12\,300 \; \ell \; \triangleq \; 9\,225 \text{ kg} \end{array} \right) \cdot 12\,300$$

Die Masse eines Liters Benzin ist aus Teilaufgabe a bekannt.

Gesamtmasse:

Leergewicht:	12,500 t
Masse der Ladung:	9,225 t
Gesamtmasse:	21,725 t

Die Masse des Lkws beträgt 21,725 t.

Rechne das Ergebnis in Tonnen um:
$1\,000 \text{ kg} = 1 \text{ t} \;\Rightarrow\; 9\,225 \text{ kg} = 9{,}225 \text{ t}$

43 Motorroller:

$$: 250 \left(\begin{array}{c} 250 \text{ km} \; \triangleq \; 8{,}0 \; \ell \\ 1 \text{ km} \; \triangleq \; 0{,}032 \; \ell \\ 100 \text{ km} \; \triangleq \; 3{,}2 \; \ell \end{array} \right) : 250 \quad \text{oder:} \quad : 2{,}5 \left(\begin{array}{c} 250 \text{ km} \; \triangleq \; 8{,}0 \; \ell \\ 100 \text{ km} \; \triangleq \; 3{,}2 \; \ell \end{array} \right) : 2{,}5$$
$$\cdot 100 \cdot 100$$

SUV:

$$: 600 \left(\begin{array}{c} 600 \text{ km} \; \triangleq \; 90 \; \ell \\ 1 \text{ km} \; \triangleq \; 0{,}15 \; \ell \\ 100 \text{ km} \; \triangleq \; 15 \; \ell \end{array} \right) : 600 \quad \text{oder:} \quad : 6 \left(\begin{array}{c} 600 \text{ km} \; \triangleq \; 90 \; \ell \\ 100 \text{ km} \; \triangleq \; 15 \; \ell \end{array} \right) : 6$$
$$\cdot 100 \cdot 100$$

Lkw:

$$: 1\,500 \left(\begin{array}{c} 1\,500 \text{ km} \; \triangleq \; 600 \; \ell \\ 1 \text{ km} \; \triangleq \; 0{,}4 \; \ell \\ 100 \text{ km} \; \triangleq \; 40 \; \ell \end{array} \right) : 1\,500 \quad \text{oder:} \quad : 15 \left(\begin{array}{c} 1\,500 \text{ km} \; \triangleq \; 600 \; \ell \\ 100 \text{ km} \; \triangleq \; 40 \; \ell \end{array} \right) : 15$$
$$\cdot 100 \cdot 100$$

Hast du's gewusst?

Test 1

Mögliche halbe bzw. ganze Punkte sind durch halbe (✓) bzw. ganze (✓) Häkchen gekennzeichnet. Bei fehlenden Antwortsätzen wird ein halber Punkt abgezogen.

1 Kreuze an.

	wahr	falsch	
Von Montag bis Donnerstag sind insgesamt 30 mm Regen gefallen.	✗ ✓		10 mm + 15 mm + 5 mm = 30 mm
Am Freitag ist mehr Regen gefallen als am Samstag und Sonntag zusammen.		✗ ✓	12 mm + 8 mm = 20 mm
Am Mittwoch ist am wenigsten Regen gefallen.		✗ ✓	Am Donnerstag ist gar kein Regen gefallen.
In der zweiten Wochenhälfte gab es mehr Niederschläge als in der ersten.	✗ ✓		12 mm + 8 mm + 20 mm = 40 mm

2

Addiere die Zahlen 10 und 15 und subtrahiere davon 24. ✓

Subtrahiere 8 von 40 und verdopple das Ergebnis. ✓

Halbiere die Zahl 50 und dividiere das Ergebnis durch 5. ✓

5 **65** **24** **64** **1** **28**

Wie viel kosten 8 Ananas zu 3 € je Stück? ✓

Vervierfache die Summe aus 5 und 2. ✓

Eine Leiter kostet 80 € inkl. 15 € Mehrwertsteuer. Wie viel kostet die Leiter ohne MwSt.? ✓

3 **a** Überschlag: $2\,600\text{ m} - 700\text{ m}$ ✓ $= 1\,900\text{ m}$ ✓

b Überschlag: $(200\,€ - 30\,€)$ ✓ $: 10$ ✓ $= 170\,€ : 10 = 17\,€$ ✓

4 **a** Das weiß ich:
- ✓ Fernsehen 55 min pro Tag
- ✓ Videokonsole 45 min pro Tag
- ✓ gesucht: wöchentliche Zeit vor dem Bildschirm in Stunden und Minuten

Lösung:
pro Tag:
$55\text{ min} + 45\text{ min} = 100\text{ min}$ ✓

pro Woche:
$100\text{ min} \cdot 7 = 700\text{ min}$ ✓ $= 11\text{ h } 40\text{ min}$ ✓ $60\text{ min} = 1\text{ h}$

Elisa verbringt pro Woche 11 h 40 min vor dem Bildschirm.

b Gesucht: die Hälfte der bisherigen Zeit vor dem Bildschirm

Lösung:
$700\text{ min} : 2 = 350\text{ min}$ ✓

Elisa darf noch 350 min (5 h 50 min) fernsehen und Videospiele spielen.

Hast du's gewusst?

5 Das weiß ich:
- ✓ 1 Lok 19 m
- ✓ 8 Kohlewagen je 12 m
- ✓ gesucht: Gesamtlänge des Zuges
- ✓ 14 Kesselwagen je 11 m
- ✓ 5 Flachwagen je 17 m

Lösung:

Lok:	19 m	✓
Kesselwagen:	$14 \cdot 11$ m $= 154$ m	✓
Kohlewagen:	$8 \cdot 12$ m $= 96$ m	✓
Flachwagen:	$5 \cdot 17$ m $= 85$ m	✓
Summe:	354 m	✓

Die Gesamtlänge des Zuges beträgt 354 m.

Test 2

Mögliche halbe bzw. ganze Punkte sind durch halbe (✓) bzw. ganze (✓) Häkchen gekennzeichnet. Bei fehlenden Antwortsätzen wird ein halber Punkt abgezogen.

1 **a** Nein, du bist **nur 2 Stunden und 9 Minuten unterwegs**. ✓

    b Nein, du hast **15 Minuten Zeit zum Umsteigen**. ✓

    c Nein, **du kommst schon eine gute Stunde früher um 15:11 Uhr an**. ✓

Abfahrt München Hbf.: 13:02 Uhr
Ankunft Burghausen: 15:11 Uhr

Ankunft Mühldorf am Inn: 14:11 Uhr
Abfahrt Mühldorf am Inn: 14:26 Uhr

2 Das weiß ich:
- ✓ Ölwechsel 84 € zzgl. 16 € MwSt.
- ✓ Abgastest 36 € zzgl. 6,80 € MwSt.
- ✓ gesucht: Kosten für den Kundendienst
- ✓ Licht-Test 15 € zzgl. 2,90 € MwSt.
- ✓ Abgastest kostet nur die Hälfte

Lösung:

Ölwechsel:	$84 \,€ + 16 \,€ = 100,00 \,€$	✓
Licht-Test:	$15 \,€ + 2,90 \,€ = 17,90 \,€$	✓
Abgastest:	$(36 \,€ + 6,80 \,€) : 2 = 21,40 \,€$	✓
Gesamtkosten:	$139,30 \,€$	✓

Herr Althammer muss 139,90 € für den Kundendienst bezahlen.

3 ~~Nach 2 Stunden haben Peter und Willi die halbe Strecke, also 10 m geschafft.~~ ✓

~~Für ein Wegstück der Länge 40 m hätten die beiden 4 Stunden gebraucht.~~ ✓

Nach 2 Stunden (ein Viertel der Zeit) haben Peter und Willi auch erst ein Viertel der Strecke geschafft, also 5 m.

Für ein Wegstück der doppelten Länge hätten sie auch die doppelte Zeit, also 16 Stunden, benötigt.

Wären sie zu viert gewesen, hätte sich die Arbeitszeit halbiert.

Nach 2 Stunden waren 5 m des Weges gepflastert.

Hast du's gewusst?

4   **a**   Das weiß ich:
  - ✓ Kasten mit 24 Flaschen   ✓ pro Kasten 1,50 € Pfand
  - ✓ pro Flasche 15 ct Pfand
  - ✓ gesucht: Pfand für 1 Kasten mit leeren Flaschen

Lösung:
Pfand für den Kasten: 1,50 €
Flaschenpfand: $24 \cdot 0,15 € = \underline{3,60 €}$ ✓

Pfand für 1 Kasten mit Flaschen: $\overline{5,10 €}$ ✓

Er bekommt 5,10 € Pfand ausbezahlt.

b   Gesucht: Preis der Limonade ohne Pfand

Lösung:
24 Flaschen ohne Pfand:
$24,30 € - 5,10 € = 19,20 €$ ✓

eine Flasche ohne Pfand:
$19,20 € : 24 = 0,80 €$ ✓

Eine Flasche Bio-Limonade kostet ohne Pfand 0,80 €.

c   Gesucht: Preis eines 6er-Pack mit Pfand

Lösung:
Limonade: $6 \cdot 0,80 € = 4,80 €$ ✓
Pfand: $6 \cdot 0,15 € = \underline{0,90 €}$ ✓

Preis 6er-Pack: $\overline{5,70 €}$ ✓

oder:
$(0,80 € + 0,15 €) \cdot 6 = 5,70 €$

Ein 6er-Pack kostet mit Pfand 5,70 €.

5   **a**   Das weiß ich:
  - ✓ Verbrauch 7 ℓ pro 100 km
  - ✓ gefahrene Strecken: 167 km, 344 km, 289 km
  - ✓ gesucht: verbrauchter Dieselkraftstoff

Lösung:
gesamte Strecke:
$167 \text{ km} + 344 \text{ km} + 289 \text{ km} = 800 \text{ km}$ ✓

Kraftstoffverbrauch:

$$\cdot 8 \left(\begin{array}{ccc} 100 \text{ km} & \triangleq & 7 \ell \text{ ✓} \\ 800 \text{ km} & \triangleq & 56 \ell \text{ ✓} \end{array} \right) \cdot 8$$

Herr Uwe hat 56 ℓ Diesel verbraucht.

b   Das weiß ich:
  - ✓ 1 Liter 1,38 €
  - ✓ gesucht: Spritkosten

Lösung:

$$\cdot 56 \left(\begin{array}{ccc} 1 \ell & \triangleq & 1,38 € \\ 56 \ell & \triangleq & 77,28 € \text{ ✓} \end{array} \right) \cdot 56$$

Die Spritkosten betragen 77,28 €.

Sachrechnen mit Größen

Volumen: Pinte (imp. pt), Liter (ℓ), Gallone (imp. gal), Hektoliter ($h\ell$)
Längen: Zentimeter (cm), Meter (m), Zoll (in), Fuß (ft), yard (yd), Meile (mile), Dezimeter (dm)
Geld: Dollar ($\$$), Euro (€)

44

a $\quad 2,80 \text{ €} + 3,60 \text{ €} + 99 \text{ ct} + 0,49 \text{ €} = 2,80 \text{ €} + 3,60 \text{ €} + 0,99 \text{ €} + 0,49 \text{ €} = 7,88 \text{ €}$

b $\quad 6,25 \text{ €} - 80 \text{ ct} + 4,30 \text{ €} = 6,25 \text{ €} - 0,80 \text{ €} + 4,30 \text{ €} = 9,75 \text{ €}$

c $\quad 10 \text{ €} - 1 \text{ ct} = 9,99 \text{ €}$

d $\quad 89,99 \text{ €} + 13 \text{ ct} + 5 \text{ €} = 89,99 \text{ €} + 0,13 \text{ €} + 5,00 \text{ €} = 95,12 \text{ €}$

e $\quad 100 \text{ €} - 12 \text{ ct} + 13 \text{ ct} = 100 \text{ €} + 1 \text{ ct} = 100,01 \text{ €}$

f $\quad 180 \text{ €} - 80 \text{ ct} + 25 \text{ ct} - 0,26 \text{ €} = 180 \text{ €} - 80 \text{ ct} - 1 \text{ ct} = 180 \text{ €} - 81 \text{ ct} = 179,19 \text{ €}$

45

Banknoten:	Münzen (ct):	Münzen (€):
5 €	1 ct	1 €
10 €	2 ct	+ 2 €
20 €	5 ct	3 €
50 €	10 ct	
100 €	20 ct	
200 €	+ 50 ct	
+ 500 €	88 ct	
885 €		

Recherchiere ggf. im **Internet**, welche Eurobanknoten und -münzen es gibt.

Banknoten: 885 €; Münzen: 3,88 €

46

Das weiß ich:
- ✓ 86 Fünfer, 68 Zehner, 96 Zwanziger, 45 Fünfziger, 39 Hunderter
- ✓ Münzen im Wert von 212,65 €
- ✓ gesucht: Gesamtwert des Geldes in der Kasse

Lösung:

Fünfer:	$86 \cdot 5 \text{ €}$	=	$430,00 \text{ €}$
Zehner:	$68 \cdot 10 \text{ €}$	=	$680,00 \text{ €}$
Zwanziger:	$96 \cdot 20 \text{ €}$	=	$1\,920,00 \text{ €}$
Fünfziger:	$45 \cdot 50 \text{ €}$	=	$2\,250,00 \text{ €}$
Hunderter:	$39 \cdot 100 \text{ €}$	=	$3\,900,00 \text{ €}$
Münzen:			$212,65 \text{ €}$
Summe:			$9\,392,65 \text{ €}$

An diesem Tag befinden sich 9 392,65 € in der Kasse.

47 **a** Das weiß ich:
- ✓ Ausgaben insgesamt 300 €
- ✓ einzelne Ausgaben vgl. Diagramm
- ✓ gesucht: Ausgaben für Kinokarten

Lösung:

CDs/DVDs:	70 €
Sport:	40 €
Sparen:	25 €
Geschenke:	45 €
Kosmetik:	55 €
Sonstiges:	30 €
Ausgaben:	265 €

Lies aus dem Diagramm ab, wie viel jeweils für die anderen Dinge ausgegeben wurde.

In Kinokarten investiertes Geld:
300 € − 265 € = 35 €

Kristin hat 35 € für Kinokarten ausgegeben.

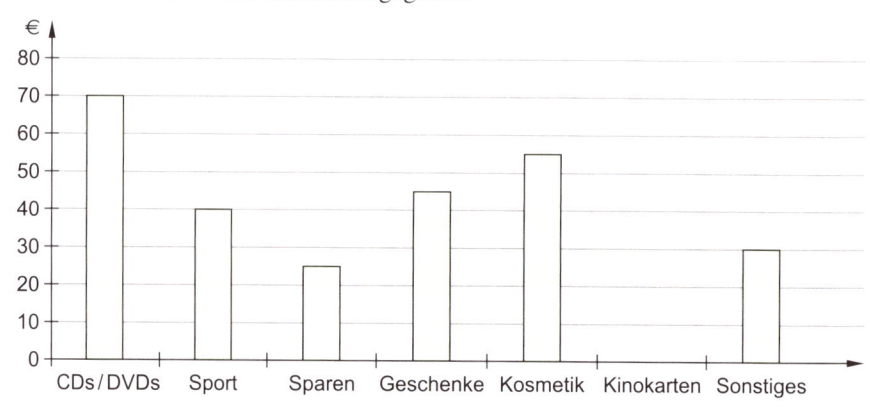

b 300 € : 12 = 25 €   **Ein Jahr hat 12 Monate.**

Kristin hat pro Monat durchschnittlich 25 € ausgegeben.

48 **a** Das weiß ich:
- ✓ 3 Stunden je 3,65 €
- ✓ 6 Spiele je 2,75 €
- ✓ gesucht: Gesamtbetrag

Lösung:

$$\overbrace{3 \cdot 3,65 \ €}^{\text{Spielzeit}} + \overbrace{6 \cdot 2,75 \ €}^{\text{Spiele}} = 10,95 \ € + 16,50 \ € = 27,45 \ €$$

Die Gesamtrechnung beträgt 27,45 €.

b 27,45 € : 3 = 9,15 €

Jeder muss 9,15 € bezahlen.

49 Das weiß ich:
- ✓ Behauptung Mutter: Ausgaben über 150 €
- ✓ Ausgaben vgl. Schaubild
- ✓ gesucht: gesamte Ausgaben

Hast du's gewusst?

Lösung:
Ausgaben für Aktivitäten:

Kino:	$3 \cdot 7{,}50 \, €$	$= 22{,}50 \, €$
Freibad:	$19 \cdot 1{,}80 \, €$	$= 34{,}20 \, €$
Fußball:		$15{,}40 \, €$
Disko:	$2 \cdot 3{,}95 \, €$	$= \underline{\ \ 7{,}90 \, €}$
Summe:		$80{,}00 \, €$

Im Schaubild sind alle benötigten Angaben enthalten.

Ausgaben für Fahrtkosten:

U-Bahn:	$6 \cdot 1{,}20 \, €$	$= \ \ 7{,}20 \, €$
Bus:	$4 \cdot 4{,}30 \, €$	$= 17{,}20 \, €$
Zug:		$\underline{11{,}80 \, €}$
Summe:		$36{,}20 \, €$

Mit der U-Bahn fährt Stefan **3-mal hin** und **3-mal zurück**.
Mit dem Bus macht er 19 Hin- und 19 Rückfahrten, insgesamt also 38 Fahrten. Dafür braucht er **4 Zehnerkarten**.

Gesamtausgaben:
$80{,}00 \, € + 36{,}20 \, € = 116{,}20 \, € < 150 \, €$

Vergleiche mit der Aussage der Mutter.

Stefans Mutter hat nicht recht.

50

a

Sandwiches:	$2 \cdot 2{,}89 \, €$	$= 5{,}78 \, €$
Beilagen:	$2 \cdot 1{,}59 \, €$	$= \underline{3{,}18 \, €}$
Summe:		$8{,}96 \, €$

Für Lea gibt es kein passendes Menü.

Lea sollte die Sachen einzeln kaufen, um möglichst günstig zu essen. Für gut 1 € mehr könnte sie auch das Partner-Menü bestellen. Sie bekäme dann zusätzlich 2 Getränke.

b

Beilage:		$1{,}59 \, €$
2 Sandwiches:	$2 \cdot 2{,}89 \, €$	$= 5{,}78 \, €$
2 Getränke:	$2 \cdot 1{,}89 \, €$	$= \underline{3{,}78 \, €}$
Summe:		$11{,}15 \, €$

Die günstigste Möglichkeit ist ein Partner-Menü für 9,99 €.
Eine Kombination aus Maxi-Menü und Spar-Menü für 10,28 € wäre zwar auch möglich, allerdings wäre diese Kombination teurer und die beiden hätten eine Beilage weniger.

c Die 3 möchten 3 Sandwiches, 3 Beilagen und 6 Getränke.
Die günstigste Möglichkeit ist ein Familien-Menü mit 2 Einzelgetränken. Das zusätzliche Sandwich und die Beilage werden unter den 3 Sportlern aufgeteilt.

Familien-Menü:		$14{,}99 \, €$
Getränke:	$2 \cdot 1{,}89 \, €$	$= \underline{3{,}78 \, €}$
Summe:		$18{,}77 \, €$

Um genau die gewünschten Dinge zu bekommen, müssten sie Folgendes bestellen:

Partner-Menü:		$9{,}99 \, €$
Maxi-Menü:		$5{,}89 \, €$
Getränke:	$3 \cdot 1{,}89 \, €$	$= \underline{5{,}67 \, €}$
Summe:		$21{,}55 \, €$

51 Das weiß ich:
✓ 17 km je 1,20 € zzgl. 25 ct Nachtzuschlag pro km
✓ Grundgebühr 2,70 €
✓ 30 € bezahlt
✓ gesucht: Trinkgeld

Lösung:
Fahrpreis für 1 km inkl. Nachtzuschlag:
1,20 € + 0,25 € = 1,45 €   Rechne ct in € um.

Fahrpreis für 17 km:
1,45 € · 17 = 24,65 €

Fahrpreis inkl. Grundgebühr:
24,65 € + 2,70 € = 27,35 €

Trinkgeld:
30 € − 27,35 € = 2,65 €

Der Fahrer darf sich über ein Trinkgeld von 2,65 € freuen.

52

a 2 t = **2 000** kg	**b** 4 000 kg = **4** t
c 6 500 g = **6,5** kg	**d** 4,5 g = **4 500** mg
e 0,35 t = **350** kg	**f** 4 900 g = **4,9** kg
g 80 t = **80 000** kg	**h** 65 000 mg = **0,065** kg

53 **a** 350 g + 6,5 kg + 1 250 g − 2,5 kg = 350 g + 6 500 g + 1 250 g − 2 500 g = 5 600 g = 5,6 kg

b 125 t − (12 500 kg + 5 700 kg + 9 300 kg + 45 000 kg) = 125 000 kg − 72 500 kg
= 52 500 kg = 52,5 t

c 12 · (200 mg + 0,8 g) − 6 · (50 mg + 170 mg − 0,02 g)
= 12 · (200 mg + 800 mg) − 6 · (50 mg + 170 mg − 20 mg)
= 12 · 1 000 mg − 6 · 200 mg = 12 000 mg − 1 200 mg = 10 800 mg = 10,8 g

54 Das weiß ich:
✓ vgl. Polinas Liste
✓ empfohlene Masse 6 kg
✓ gesucht: Masse der Schultasche mit allen Gegenständen

Lösung:

Atlas:	1,2 kg =	1 200 g
Schultasche:	1,5 kg =	1 500 g
Taschenrechner:		130 g
Block:		254 g
Schulbücher:	4 · 365 g =	1 460 g
Smartphone:		150 g
Federmäppchen:		500 g
Hefte:	9 · 120 g =	1 080 g
Summe:		6 274 g

6 274 g = 6,274 kg > 6 kg
Die Schultasche ist tatsächlich schwerer als empfohlen.

55 Das weiß ich:
- ✔ Leergewicht 2,1 t
- ✔ zulässiges Gesamtgewicht 3,5 t
- ✔ 19 Säcke zu je 28 kg
- ✔ 8 Heizkörper zu je 43,5 kg
- ✔ 205 Rohre zu je 3,2 kg
- ✔ Fahrer 98 kg
- ✔ gesucht: Masse des Lieferwagens mit Ladung

Lösung:

Leergewicht:	2,1 t =	2 100 kg
Zementsäcke:	19 · 28 kg =	532 kg
Heizkörper:	8 · 43,5 kg =	348 kg
Rohre:	205 · 3,2 kg =	656 kg
Herr Mohr:		98 kg
Summe:		3 734 kg

3 734 kg = 3,734 t > 3,5 t

Herr Mohr überschreitet das zulässige Gesamtgewicht des Lieferwagens.

56 Hansen   Vergleiche den **Kilopreis** der 3 Händler.

$$: 2{,}5 \left(\begin{array}{ccc} 2{,}5 \text{ kg} & \triangleq & 2{,}45 \text{ €} \\ 1 \text{ kg} & \triangleq & 0{,}98 \text{ €} \end{array} \right) : 2{,}5$$

Eckart

$$: 15 \left(\begin{array}{ccc} 15 \text{ kg} & \triangleq & 14{,}85 \text{ €} \\ 1 \text{ kg} & \triangleq & 0{,}99 \text{ €} \end{array} \right) : 15$$

Dehn

$$: 6 \left(\begin{array}{ccc} 6 \text{ kg} & \triangleq & 5{,}70 \text{ €} \\ 1 \text{ kg} & \triangleq & 0{,}95 \text{ €} \end{array} \right) : 6$$

Kartoffelhof Dehn hat das beste Angebot.

57 **a** Das weiß ich:
- ✔ maximale Zuladung 2,4 t = 2 400 kg
- ✔ Palette Ziegel 1,5 t
- ✔ Palette Fliesen 250 kg
- ✔ Zementsack 50 kg
- ✔ Ladung Bauholz 480 kg

Lösung:
- ■ Anfrage Ziegel: Vergleiche mit der **maximalen Zuladung**.
  Herr Putz kann nur eine Palette Ziegel pro Fahrt anliefern.
- ■ Anfrage Fliesen:

1 Palette Fliesen:	250 kg
10 Paletten Fliesen:	2 500 kg
9 Paletten Fliesen:	2 250 kg

  oder: 2 400 kg : 250 kg = 9,6

  Herr Putz kann 9 Paletten Fliesen auf einmal liefern.

■ Anfrage Zement und Bauholz:
10 Zementsäcke:
$50 \text{ kg} \cdot 10 = 500 \text{ kg}$

verbliebene Zuladung:
$2\,400 \text{ kg} - 500 \text{ kg} = 1\,900 \text{ kg}$

Ladungen an Bauholz:
1 Ladung Bauholz: 480 kg
2 Ladungen Bauholz: 960 kg
3 Ladungen Bauholz: 1 440 kg
4 Ladungen Bauholz: 1 920 kg

oder: $1\,900 \text{ kg} : 480 \text{ kg} = 3{,}9\ldots$

Wenn Herr Putz 10 Zementsäcke liefert, kann er noch maximal 3 Ladungen Bauholz laden.

b   individuelle Lösung

58   a   Das weiß ich:
✔ 1,2 kg Rindfleisch für 6 Personen
✔ gesucht: Menge Rindfleisch für 4 Personen

Lösung:

$$:6 \left(\begin{array}{lcl} 6 \text{ Personen} & \hat{=} & 1,2 \text{ kg} \\ 1 \text{ Person} & \hat{=} & 0,2 \text{ kg} \end{array} \right) :6$$
$$\cdot 4 \left(\begin{array}{lcl} 4 \text{ Personen} & \hat{=} & 0,8 \text{ kg} \end{array} \right) \cdot 4$$

Frau Opitz benötigt 0,8 kg Rindfleisch.

b   ✔ gesucht: Menge Rindfleisch für 20 Personen

Lösung:

$$\cdot 20 \left(\begin{array}{lcl} 1 \text{ Person} & \hat{=} & 0,2 \text{ kg} \\ 20 \text{ Personen} & \hat{=} & 4,0 \text{ kg} \end{array} \right) \cdot 20$$

Simon benötigt 4 kg Rindfleisch.

59   a   150 s;   5 h;   360 min = 6 h;   600 min = 10 h;   12 h

b   3 s;   18 h;   1 d = 24 h;   48 h;   72 h;   5 d = 120 h

60   a $24 \text{ min} + 24 \text{ min} + 17 \text{ min} + 11 \text{ min} + 15 \text{ min} = 91 \text{ min} = 1 \text{ h } 31 \text{ min}$

b $12 \text{ min} + 19 \text{ min} + 11 \text{ min} + 17 \text{ min} + 6 \text{ min} = 65 \text{ min} = 1 \text{ h } 5 \text{ min}$

61   Das weiß ich:
✔ insgesamt 6 Minuten Zeit
✔ Treppe hoch 50 Sekunden
✔ Dokumentensuche 2 min 48 s
✔ Fotografieren $\frac{1}{2}$ min
✔ gesucht: Zeit zum Flüchten

Hast du's gewusst?

Lösung:

Treppe: 50 s
Suche: 2 min 48 s =   168 s
Fotos: $\frac{1}{2}$ min =   30 s
Summe: $\overline{248 \text{ s}}$

Fluchtzeit:
360 s – 248 s = 112 s = 1 min 52 s   6 min = 360 s

Er hat noch 1 min 52 um aus dem Gebäude zu flüchten.

62 Das weiß ich:
✔ Arbeitszeit pro Woche 39 h 30 min
✔ tatsächliche Arbeitszeit vgl. Tabelle
✔ gesucht: gesamte tatsächliche Arbeitszeit

Lösung:

Montag:		Dienstag:	
7:32 – 8:00	28 min	7:18 – 8:00	42 min
8:00 – 12:00	4 h	8:00 – 12:14	4 h 14 min
12:35 – 13:00	25 min	12:48 – 13:00	12 min
13:00 – 17:28	4 h 28 min	13:00 – 16:36	3 h 36 min
Summe:	8 h 81 min = 9 h 21 min	Summe:	7 h 104 min = 8 h 44 min

Mittwoch:		Donnerstag:	
7:42 – 8:00	18 min	7:35 – 8:00	25 min
8:00 – 12:51	4 h 51 min	8:00 – 11:58	3 h 58 min
13:16 – 14:00	44 min	13:04 – 14:00	56 min
14:00 – 15:42	1 h 42 min	14:00 – 18:32	4 h 32 min
Summe:	5 h 155 min = 7 h 35 min	Summe:	7 h 171 min = 9 h 51 min

Freitag:	
7:05 – 8:00	55 min
8:00 – 11:58	3 h 58 min
Summe:	3 h 113 min = 4 h 53 min

Gesamte Arbeitszeit:

Montag:	9 h 21 min
Dienstag:	8 h 44 min
Mittwoch:	7 h 35 min
Donnerstag:	9 h 51 min
Freitag:	4 h 53 min
Summe:	37 h 204 min = 40 h 24 min

Herr Gashi hat sein Arbeitspensum in dieser Woche erreicht.

Hast du's gewusst?

63 **a** Das weiß ich:
- ✓ 1. Tisch: 5 Gäste, zusammen 438 Jahre
- ✓ 2. Tisch: 8 Gäste, zusammen 637 Jahre 7 Monate
- ✓ 3. Tisch: 7 Gäste, zusammen 564 Jahre 5 Monate
- ✓ gesucht: Anzahl der Gäste

Lösung:
$5 + 8 + 7 = 20$

20 Gäste feiern mit Großmutter Hansen.

b ✓ gesucht: Alter aller Gäste zusammen

Lösung:
$438\ a + 637\ a\ 7\ m + 564\ a\ 5\ m = 1\ 639\ a + 12\ m = 1\ 640\ a$

Alle Gäste zusammen sind 1 640 Jahre alt.

c ✓ gesucht: Durchschnittsalter der Gäste

Lösung:
$1\ 640\ a : 20 = 82\ a$

$82\ a > 80\ a$

Das Durchschnittsalter der Gäste liegt über dem Alter von Großmutter Hansen.

64 **a** Parkstraße: 9:31
Opernplatz: **9:39** } 8 min ⇒ falsch

Vergleiche alle Spalten und Zeilen miteinander.

Parkstraße: 9:31
Opernplatz: **9:38** } 7 min ⇒ richtig

b Abfahrt Nordbahnhof: 8:45 Uhr
Ankunft Flughafen: 9:26 Uhr
8:45 – 9:00   15 min
9:00 – 9:26   26 min
           41 min

Die Fahrzeit vom Nordbahnhof zum Flughafen beträgt 41 min.

c nächster Bus ab Schlossallee: 9:08 Uhr
8:51 – 9:00   9 min
9:00 – 9:08   8 min
           17 min

Ina muss 17 min auf den nächsten Bus warten.

65 Das weiß ich:
- ✓ Start 8:28 Uhr
- ✓ Fahrzeit bis Frankfurt 2 h 55 min
- ✓ Pausen 15 min + 10 min
- ✓ weitere Fahrzeiten 50 min + 1 h 42 min
- ✓ gesucht: Reisezeit und Ankunftszeit

Lösung:
Reisezeit:
$2\ h\ 55\ min + 15\ min + 10\ min + 50\ min + 1\ h\ 42\ min = 3\ h\ 172\ min = 5\ h\ 52\ min$

Uhrzeit:

8:28 Uhr + 5 h 52 min = 13:28 Uhr + 52 min = 14:00 Uhr + 20 min = 14:20 Uhr

Herr Kick war 5 h 52 min unterwegs und kommt um 14:20 Uhr in Düsseldorf an.

66

a ■ Maschine nach Paris:
Die Maschine nach Paris startet pünktlich.

Vergleiche jeweils die Spalten für **Abflug** und **Geplant**.

■ Flug nach Hamburg:
Der Flug nach Hamburg hat 15 min Verspätung.

Statt um 18:50 Uhr startet er um 19:05 Uhr.

■ Wartezeit für den Flug nach London:
aktuelle Uhrzeit: 17:42 Uhr
Abflug: 23:05 Uhr

Der Flug geht nach London Gatwick.

17:42 − 18:00	18 min
18:00 − 23:05	5 h 5 min
	5 h 23 min

Die Wartezeit beträgt 5 h und 23 min.

b individuelle Lösung

67

a München Ortszeit: 08:00 Uhr
New York Ortszeit: 08:00 Uhr − 5 h = 03:00 Uhr

Die Zeitverschiebung beträgt **5 Stunden**.

Mr. McDowell wird um 3:00 Uhr nachts geweckt, daher ist er sicher nicht sehr erfreut.

b New York Ortszeit: 21:00 Uhr
München Ortszeit: 21:00 Uhr + 5 h = 02:00 Uhr

Herr Mutzbauer wird um 2:00 Uhr angerufen. Vermutlich ist er schon im Bett.

c Abflug, München Ortszeit: 10:35 Uhr
Ankunft, New York Ortszeit: 14:05 Uhr
Ankunft, München Ortszeit: 14:05 Uhr + 5 h = 19:05 Uhr

Flugdauer:

10:35 − 11:00	25 min
11:00 − 19:05	8 h 5 min
	8 h 30 min

Der Flug dauert 8 h und 30 min.

d Abflug, New York Ortszeit: 18:30 Uhr
Ankunft, New York Ortszeit: 18:30 Uhr + 7 h 55 min = 1:30 Uhr + 55 min = 2:25 Uhr
Ankunft, München Ortszeit: 2:25 Uhr + 5 h = 7:25 Uhr

Die Maschine landet um 7:25 Uhr Ortszeit in München.

68

a 30 cm = **3** dm

b 1,2 m = **120** cm

c 4,25 dm = **425** mm

d 3 000 m = 3 **km**

e 0,07 m = 70 **mm**

f 0,3 km = 3 000 **dm**

Hast du's gewusst?

69

36 dm = 3,6 m **320 cm = 3,2 m** **2 450 mm = 2,45 m** **1,97 m**

70 **a** Das weiß ich:

✔ 20 Matratzen je 18 cm dick

✔ 20 Decken je 65 mm = 6,5 cm dick

✔ Bettkasten 35 cm hoch

✔ gesucht: Höhe des Bettes

Lösung:

Matratzen: 20 · 18 cm = 360 cm

Decken: 20 · 6,5 cm = 130 cm

Bettkasten: 35 cm

Summe: 525 cm = 5, 25 m

Das Bett der Prinzessin ist 5,25 m hoch.

b Ein normales Zimmer ist maximal 3 m hoch. Das Bett passt daher nicht hinein.

71 **a** Das weiß ich:

✔ 50 – 60 km pro Tag

✔ Entfernungen siehe Skizze

Lösung: siehe Skizze

b Familie Petersen wird 6 Tage unterwegs sein.

c 28 km + 23 km + 48 km + 29 km + 32 km + 19 km + 38 km + 12 km + 45 km + 52 km = 326 km

Familie Petersen legt insgesamt 326 km zurück.

Wenzeldorf — 23 km — Ambach — Start — 52 km — Brennberg

28 km · 45 km · 48 km · 29 km · Forstmühle · Keimling · 12 km · Fuchsloch · Klammer · 32 km · 38 km · 19 km · Falkenstein · Eisenhammer

72 **a** Das weiß ich:

✔ 8 Bahnen je 90 cm = 0,9 m Länge

✔ 5 Bahnen je 1,25 m Länge

✔ gesucht: Länge aller Stoffbahnen

Lösung:

8 · 0,90 m =   7, 20 m   90 cm = 0,9 m

5 · 1,25 m =   6, 25 m

Summe: 13, 45 m

Frau Schnödinger kauft insgesamt 13,45 m Stoff.

b $13,45 \cdot 26,50 \ € = 356,425 \ € \approx 356,43 \ €$ Runde auf ganze ct.

Der Stoff kostet 356,43 €.

73   **a**   Das weiß ich:

   ✔ Streckenlänge 6,45 m = 645 cm

   ✔ Schienenlänge 15 cm und 20 cm

   ✔ gesucht: mögliche Kombinationen, um eine Strecke von 6,45 m zu erhalten

Lösung:

Eine Strecke von 45 cm kann nur mit Schienen der Länge 15 cm gelegt werden:

$3 \cdot 15 \ cm = 45 \ cm$

Für eine Strecke von 600 cm gibt es mehrere Kombinationen:

■ $30 \cdot 20 \ cm = 600 \ cm$ 30 Schienen zu je 20 cm

■ $(4 \cdot 15 \ cm + 2 \cdot 20 \ cm) = 100 \ cm$

   $6 \cdot (4 \cdot 15 \ cm + 2 \cdot 20 \ cm) = 600 \ cm$

   $\underbrace{24 \cdot 15 \ cm}_{\substack{24 \ \text{Schienen} \\ \text{zu je 15 cm}}} + \underbrace{12 \cdot 20 \ cm}_{\substack{12 \ \text{Schienen} \\ \text{zu je 20 cm}}} = 600 \ cm$

■ $8 \cdot 15 \ cm + 24 \cdot 20 \ cm = 600 \ cm$

b $645 \ cm + 26 \cdot 15 \ cm = 645 \ cm + 390 \ cm = 1\,035 \ cm = 10,35 \ m$

Die gesamte Strecke ist jetzt 10,35 m lang.

74   **a** $2,54 \ cm \cdot 27 = 68,58 \ cm$

oder:

$$_{\cdot 27}\left(\begin{array}{ccc} 1 \ \text{Zoll} & \triangleq & 2,54 \ cm \\ 27 \ \text{Zoll} & \triangleq & 68,58 \ cm \end{array}\right)_{\cdot 27}$$

Ein 27-Zoll-Bildschirm hat eine Diagonale von 68,58 cm.

b $45,72 \ cm : 2,54 \ cm = 18$

Die Felge hat einen Durchmesser von 18 Zoll.

75   Das weiß ich:

   ✔ Größe Mann ca. 1,80 m

   ✔ gesucht: Höhe der Lokomotive

Lösung:

Größe des Mannes im Bild: ca. 2,5 cm   Die Größe des Mannes dient als **Bezugsgröße**.

Höhe der Lokomotive im Bild: ca. 5,5 cm

Mithilfe der Größe des Mannes kannst du den **Maßstab** des Bildes herausfinden.

$$_{:2,5}\left(\begin{array}{ccc} 2,5 \ cm & \triangleq & 1,80 \ m \end{array}\right)_{:2,5}$$
$$_{\cdot 5,5}\left(\begin{array}{ccc} 1 \ cm & \triangleq & 0,72 \ m \\ 5,5 \ cm & \triangleq & 3,96 \ m \end{array}\right)_{\cdot 5,5}$$

Die Lok ist etwa 4 m hoch.

oder:

Der Mann passt etwa 2,5-mal in die Höhe der Lok.

$2,5 \cdot 1,80 = 4,50 \ m$

Die Lok ist etwa 4,50 m hoch.

Hast du's gewusst?

76   **a**   Das weiß ich:

     ✔ 34 Pappbecher pro Person pro Jahr

     ✔ 82 000 000 Einwohner in Deutschland

     ✔ gesucht: Pappbecher pro Jahr

Lösung:

$82\,000\,000 \cdot 34 = 2\,788\,000\,000$

Pro Jahr landen in Deutschland 2,788 Milliarden Pappbecher im Müll.

b
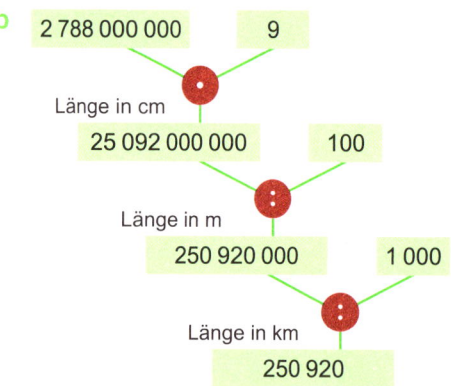

Länge der Becherreihe: 250 920 km
Erdumfang am Äquator: 40 000 km

1 Erdumfang: 40 000 km
5 Erdumfänge: 200 000 km
6 Erdumfänge: 240 000 km

oder: $250\,920 \text{ km} : 40\,000 \text{ km} = 6{,}273$

Die Becherreihe würde 6-mal um die Erde reichen.

c
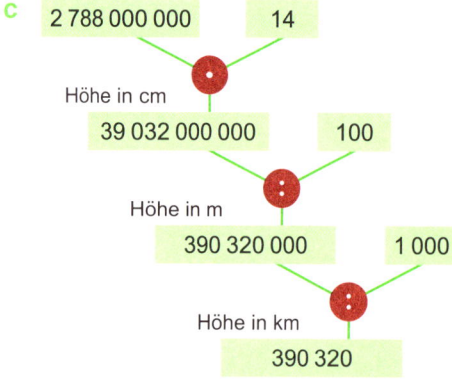

Höhe der Becherreihe: 390 320 km
Entfernung des Mondes von der Erde: 384 000 km

Sven hat recht. Der Becherturm reicht locker bis zum Mond.

77   **a** $7{,}5 \text{ km} = 7\,500 \text{ m}$

$:2 \left(\begin{array}{ccc} 7\,500 \text{ m} & \triangleq & 5 \text{ s} \\ 3\,750 \text{ m} & \triangleq & 2{,}5 \text{ s} \end{array}\right) :2$

Der Schall benötigt 2,5 s.

— Hast du's gewusst?

b

$$:5 \left(\begin{array}{l} 5\,\text{s} \;\triangleq\; 7\,500\,\text{m} \end{array} \right) :5$$

$$\begin{array}{l} 1\,\text{s} \;\triangleq\; 1\,500\,\text{m} \end{array}$$

$$\cdot 2 \left(\begin{array}{l} 2\,\text{s} \;\triangleq\; 3\,000\,\text{m} \end{array} \right) \cdot 2$$

Die Delfine sind 3 000 m = 3 km voneinander entfernt.

78 **a** Das weiß ich:

✓ 1 Schritt entspricht 7 Meilen

✓ 1 Meile entspricht 7,5 km

✓ gesucht: Wegstrecke (1 Schritt)

Lösung:

7 · 7,5 km = 52,5 km

Der Junge legt mit einem Schritt 52,5 km zurück.

b 630 km : 52,5 km = 12

Der Junge benötigt 12 Schritte für die Strecke München – Berlin.

79 9 mm^2; 7 cm^2; 4 200 mm^2 = 42 cm^2; 0,5 m^2 = 50 dm^2; 72 dm^2; 45 m^2; 0,5 ha = 5 000 m^2

Lösungswort: **B E I F A L L**

		wahr	falsch	
80	**a** 100 dm^2 sind genau 1 m^2.	✗		
	b Die Größe von Wohnungen gibt man am besten in ha an.		✗	besser: **m^2**
	c Ein normales Tablet ist ungefähr 4 dm^2 bis 5 dm^2 groß.	✗		
	d 1 dm^2 ist die Fläche eines Quadrats mit der Seitenlänge 10 cm.	✗		
	e Eine Fläche von 40 cm^2 ist kleiner als eine Fläche von 0,3 dm^2.		✗	0,3 dm^2 = 30 cm^2

81 Das weiß ich:

✓ Gesamte Fläche 90 m^2

✓ Fläche Bad 12 m^2

✓ Fläche Küche und Flur 18 m^2

✓ Fläche Wohnzimmer 28 m^2

✓ 3. Zimmer und Schlafzimmer sind gleich groß

✓ gesucht: Größe des 3. Zimmers und des Schlafzimmers

Lösung:

Bad:	12 m^2
Küche und Flur:	18 m^2
Wohnzimmer:	28 m^2
Summe:	58 m^2

Verbliebene Fläche:

90 m^2 – 58 m^2 = 32 m^2

Fläche 3. Zimmer und Schlafzimmer:

32 m^2 : 2 = 16 m^2

Das 3. Zimmer und das Schlafzimmer sind je 16 m^2 groß.

Hast du's gewusst?

82 Das weiß ich:
✓ Fläche Mosaik 18 m²
✓ Fläche Steinchen 20 mm²
✓ gesucht: Anzahl der Mosaiksteinchen

Lösung:
18 m² = 1 800 dm² = 180 000 cm² = 18 000 000 mm²   Wandle die m² in **mm²** um.

18 000 000 mm² : 20 mm² = 900 000

Das Mosaik enthält ca. 900 000 Steinchen.

83 Das weiß ich:
✓ 250 000 Blätter
✓ Gesamtfläche 1 400 m²
✓ gesucht: Fläche eines Buchenblatts

Lösung:
1 400 m² = 140 000 dm² = 14 000 000 cm²   Da das Ergebnis vermutlich in **cm²** sein
14 000 000 cm² : 250 000 = 56 cm²   wird, wandle die m² um.

Ein Buchenblatt hat eine Fläche von 56 cm².

84 a Die Fläche Russlands beträgt 17,5 Mio km².

b
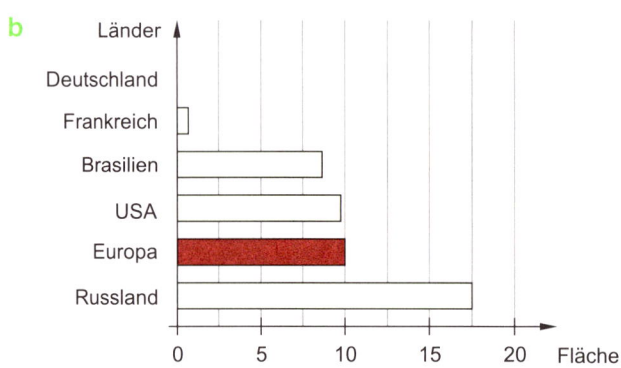

c Es ist nicht sinnvoll. Der Balken wäre so kurz, dass er nicht gut eingezeichnet werden kann.

85 a Das weiß ich:
✓ Größe der Frau: 1,60 m
✓ gesucht: zu streichende Fläche

Lösung:
Höhe der Fläche: ca. 1,60 m   Die Fläche ist etwa so hoch wie die Frau.
Länge der Fläche: ca. 2,00 m   oder: Eine Holzlatte ist etwa 10 cm hoch.
Höhe des Fensters: ca. 50 cm = 0,5 m   Die Fläche besteht aus 16 Latten.
Länge des Fensters: ca. 80 cm = 0,8 m   Das Fenster ist so hoch wie 5 Holzlatten.

Rechnung:
$$\underbrace{1,60 \text{ m} \cdot 2,00 \text{ m}}_{\text{Fläche}} - \underbrace{0,8 \text{ m} \cdot 0,5 \text{ m}}_{\text{Fenster}} = 3,20 \text{ m}^2 - 0,4 \text{ m}^2 = 2,8 \text{ m}^2$$

Die zu streichende Fläche beträgt ca. 2,8 m².

Hast du's gewusst?

b Frau Bärmann muss $2 \cdot 2,8\ m^2 = 5,6\ m^2$ streichen.
Sie sollte daher 2 Dosen Farbe kaufen.

86 Das weiß ich:
- ✓ 1 Morgen $\hat{=} 4\,000\ m^2$
- ✓ John McBeef 65 Morgen Weideland
- ✓ Hans Peter Dehnsen 80 ha
- ✓ gesucht: größeres Weideland

Lösung:
Fläche von John McBeef in m^2:
$65 \cdot 4\,000\ m^2 = 260\,000\ m^2 = 2\,600\ ar = 26\ ha$

$80\ ha > 26\ ha$

Hans Peter Dehnsen hat die größere Weidefläche.

87

 0,2 hl = 20 ℓ

 2 000 mℓ = 2 ℓ

 0,005 m³ = 5 ℓ

 15 dm³ = 15 ℓ

 10,5 ℓ

 0,09 hl = 9 ℓ

 11 000 cm³ = 11 ℓ

88 **a** $2\ dm^3 = \mathbf{2}\ \ell = \mathbf{2\,000}\ cm^3 = \mathbf{2\,000}\ m\ell$

b $6\,500\ m\ell = \mathbf{6\,500}\ cm^3 = \mathbf{6,5}\ \ell$

c $12\ h\ell = \mathbf{1\,200}\ \ell = \mathbf{1\,200\,000}\ cm^3 = \mathbf{1,2}\ m^3$

89 **a** Die Cowboy-Coke ist in allen 3 Monaten das beliebteste Getränk.

Im Diagramm ist die Säule der Cowboy-Coke jeweils **am höchsten**.

b $6\ h\ell = 600\ \ell$

Im Juni wurden 600 ℓ „Saloon-Soda" verkauft.

Lies aus dem Diagramm ab.

c Das weiß ich:
- ✓ Rootbeer im Juni 12 hℓ, im Juli 14 hℓ, im August 11 hℓ
- ✓ Preis pro $\frac{1}{2}$-ℓ-Glas 2,80 €
- ✓ gesucht: Umsatz der 3 Monate

Lösung:
Gesamte Menge Rootbeer:
$12\ h\ell + 14\ h\ell + 11\ h\ell = 37\ h\ell = 3\,700\ \ell$

Hast du's gewusst?

Anzahl Gläser:

$$3\,700\ \ell : \frac{1}{2}\ \ell = 3\,700 \cdot 2 = 7\,400 \text{ (Gläser)}$$

Umsatz:

$$7\,400 \cdot 2{,}80\ € = 20\,720\ €$$

In den letzten 3 Monaten wurden 20 720 € Umsatz durch den Verkauf von Rootbeer gemacht.

90 **a** Das weiß ich:
- ✔ 4 Zylinder je 500 cm³
- ✔ gesucht: Hubraum des Motors

Lösung:
$$500\ \text{cm}^3 \cdot 4 = 2\,000\ \text{cm}^3$$

Der Hubraum des Motors beträgt 2 000 cm³.

b $2\,000\ \text{cm}^3 = 2\ \text{dm}^3 = 2\ \ell$

Das Volumen des Motors beträgt 2 dm³ = 2 ℓ.

91 **a** Das weiß ich:
- ✔ vgl. Rezept
- ✔ gesucht: ℓ Cocktail

Lösung:

Orangensaft:		$1,20\ \ell$
Milch:	$800\ m\ell =$	$0,80\ \ell$
Ananassaft:	$450\ m\ell =$	$0,45\ \ell$
Karottensaft:	$\frac{1}{2}\ \ell =$	$0,50\ \ell$
Zitronensaft:	$50\ m\ell =$	$0,05\ \ell$
Summe:		$\overline{3,00\ \ell}$

Ingrid mixt 3 ℓ des Cocktails.

b Das weiß ich:
- ✔ 12 Gläser je 0,2 ℓ
- ✔ insgesamt 3 ℓ
- ✔ gesucht: übrige Menge

Lösung:
verkaufte Cocktails:
$$12 \cdot 0,2\ \ell = 2,4\ \ell$$

übrige Menge:
$$3\ \ell - 2,4\ \ell = 0,6\ \ell$$

Es sind noch 0,6 ℓ übrig.

92 **a** Das weiß ich:
- ✔ Volumen 1 200 m³
- ✔ 250 ℓ pro Minute
- ✔ gesucht: Dauer, bis das Becken voll ist

Lösung:

$250 \ell = 250 \ dm^3 = 0{,}25 \ m^3$ Rechne die ℓ in m^3 um.

$1\,200 \ m^3 : 0{,}25 \ m^3 = 4\,800 \ (min)$

oder:

$$\cdot 4 \left(\begin{array}{ccc} 0{,}25 \ m^2 & \triangleq & 1 \ min \\ 1 \ m^2 & \triangleq & 4 \ min \\ 1\,200 \ m^2 & \triangleq & 4\,800 \ min \end{array} \right) \cdot 4$$

$\cdot 1\,200$ $\cdot 1\,200$

$4\,800 \ min = 80 \ h = 3 \ d \ 8 \ h$

Es dauert 3 Tage und 8 Stunden, bis das Becken voll ist.

b   Wenn pro Minute 500 ℓ in das Becken fließen, fließt die doppelte Menge wie in Aufgabe a. Die Zeit, bis das Becken voll ist, halbiert sich also.

Es dauert dann 40 Stunden = 1 Tag und 16 Stunden, bis das Becken voll ist.

---

93   **a**   Das weiß ich:

    ✓ Fördermenge: 75 ℓ pro Minute

    ✓ gesucht: Fördermenge pro Tag

Lösung:

$75 \ \ell \cdot 60 \cdot 24 = 108\,000 \ \ell$ $1 \ h = 60 \ min; \ 1 \ d = 24 \ h$

An einem Tag werden 108 000 ℓ Öl gefördert.

b   Fördermenge pro Tag in m^3:

$108\,000 \ \ell = 108 \ m^3$

Anzahl der Tage:

$756 \ m^3 : 108 \ m^3 = 7 \ (d)$

Die Pumpe muss 7 Tage betrieben werden.

c   216 m^3 Öl ist genau die doppelte Förderleistung wie zuvor.

Pro Minute wird daher die doppelte Menge, also 150 ℓ Öl, gefördert.

---

94   Das weiß ich:

✓ Wasservorrat 2,4 m^3

✓ 200 ℓ Wasser pro Minute pro Schlauch

✓ 2 Schläuche

✓ gesucht: Dauer des Löscheinsatzes

Lösung:

$2{,}4 \ m^3 = 2\,400 \ dm^3 = 2\,400 \ \ell$ Wandle m^3 in ℓ um.

Wasserverbrauch pro Minute mit 2 Schläuchen:

$2 \cdot 200 \ \ell = 400 \ \ell$

Zeit, die der Wasservorrat ausreicht:

$2\,400 \ \ell : 400 \ \ell = 6 \ (min)$

Nach 6 Minuten ist der Wasservorrat verbraucht.

Test 3

Mögliche halbe bzw. ganze Punkte sind durch halbe ($\checkmark$) bzw. ganze ($\checkmark$) Häkchen gekennzeichnet. Bei fehlenden Antwortsätzen wird ein halber Punkt abgezogen.

1 **a** Ankunft 14:39 Uhr
Fahrzeit 3 h 19 min
Abfahrt 11:20 Uhr $\checkmark$

Die Abfahrt in München war um 11:20 Uhr.

b Abfahrt Würzburg 14:39 Uhr
Ankunft Hamburg Altona 19:42 Uhr
Fahrzeit 5 h 3 min $\checkmark$

Die Fahrzeit von Würzburg nach Hamburg ist 5 h 3 min.

2 Das weiß ich:
$\checkmark$ Kartoffeln 25 a
$\checkmark$ Zwiebeln 10 a
$\checkmark$ Bohnen 150 m^2
$\checkmark$ Karotten 275 m^2
$\checkmark$ gesamte Fläche 1 ha
$\checkmark$ gesucht: noch verfügbare Fläche

Lösung:
Kartoffeln: 25 a = 2 500 m^2 $\checkmark$
Zwiebeln: 10 a = 1 000 m^2 $\checkmark$
Bohnen: 150 m^2
Karotten: 275 m^2
bestellte Fläche: 3 925 m^2 $\checkmark$

Noch verfügbare Fläche:
1 ha = 100 a = 10 000 m^2 $\checkmark$

10 000 m^2 – 3 925 m^2 = 6 075 m^2 $\checkmark$

Die freie Fläche ist 6 075 m^2 groß.

3 Das weiß ich:
$\checkmark$ 450 m pro min
$\checkmark$ Pause nach 1 h 20 min Fahrzeit
$\checkmark$ gesucht: zurückgelegte Strecke bis zur Pause, Länge der Pause

Lösung:
1 h 20 min = 80 min $\checkmark$ Wandle die Fahrzeit bis zur Pause in min um.

zurückgelegte Strecke:
450 m · 80 = 36 000 m $\checkmark$ = 36 km $\checkmark$

Länge der Pause:
9 km = 9 000 m $\checkmark$
9 000 m : 450 m = 20 min $\checkmark$

Bis zur Pause legt Familie Stief 36 km zurück. Die Pause dauert 20 min.

Hast du's gewusst?

4 Das weiß ich:
✓ Fass 2 hl
✓ 7 500 000 ℓ Bier
✓ gesucht: Anzahl der Fässer
Lösung:
2 hl = 200 ℓ ✓
7 500 000 ℓ : 200 ℓ = 37 500 ✓
Es werden 37 500 dieser Fässer benötigt.

5 **a** 2 316 · 31 g = 71 796 g ✓ = 71,796 kg ✓

b 980,50 € · 2 316 = 2 270 838 € ✓
Das Goldnugget hat einen Wert von 2 270 838 €.

6 **a** 210 mg : 70 mg = 3
Anzahl Tabletten: 3 ✓

b 98 mg · 2,5 = 245 mg ✓
245 mg < 250 mg
Frau May überschreitet die maximale Tagesdosis nicht ✓.

Test 4

Mögliche halbe bzw. ganze Punkte sind durch halbe (✓) bzw. ganze (✓) Häkchen gekennzeichnet. Bei fehlenden Antwortsätzen wird ein halber Punkt abgezogen.

1 **a** Beginn: 20:15 Uhr   **b** Beginn: 17:40 Uhr
   Ende: 22:45 Uhr   Ende: 19:30 Uhr
   Dauer: 2 h 30 min ✓   Dauer: 1 h 50 min ✓

2 Das weiß ich:
✓ vgl. Angabe
✓ gesucht: Dicke des Sandwiches
Lösung:
7 mm = 0,7 cm ✓
4 mm = 0,4 cm ✓

Toastbrot:	2 · 0,8 cm = 1,6 cm ✓
Tomaten:	4 · 0,7 cm = 2,8 cm ✓
Putenschinken:	3 · 0,4 cm = 1,2 cm ✓
Salatblätter:	3,2 cm
Käse:	1,0 cm
Dicke:	9,8 cm ✓

Das Sandwich ist nicht dick genug ✓, es ist um 2 mm zu dünn.

3 **a**

$$_{\cdot 5}\left(\begin{array}{ccc} 0,2\text{ g} & \triangleq & 1\text{ Karat} \end{array}\right)_{\cdot 5}$$
$$\begin{array}{ccc} 1\text{ g} & \triangleq & 5\text{ Karat} \end{array}$$
$$_{\cdot 15}\left(\begin{array}{ccc} 15\text{ g} & \triangleq & 75\text{ Karat} ✔ \end{array}\right)_{\cdot 15}$$

oder: 15 g : 0,2 g = 75 (Karat) ✔

b 15 · 0,2 g = 3 g ✔

Ein Diamant mit 15 Karat wiegt 3 g.

c 241 € · 15 = 3 615 € ✔

Der Diamant kostet 3 615 €.

4 Das weiß ich:
✔ Länge 1 094,4 km
✔ Fließgeschwindigkeit 2 m pro Sekunde
✔ gesucht: Stundenzahl

Lösung:
1 094,4 km = 1 094 400 m ✔

Zeit:
1 094 400 : 2 = 547 200 [s] ✔

547 200 s = 9 120 min ✔ = 152 h ✔

Das Wasser der Elbe braucht von der Quelle bis zur Mündung 152 h.

5 **a** Das weiß ich:
✔ 240 Sixpacks Mineralwasser zu je 500 $m\ell$ pro Flasche
✔ 360 Flaschen Apfelschorle zu je 1,5 ℓ
✔ 14 Fässer Limonade zu je 1,2 $h\ell$
✔ maximale Zuladung des Gabelstaplers 2,3 t
✔ 1 Liter Flüssigkeit wiegt 1 kg
✔ gesucht: Masse über der maximalen Zuladung

Lösung:
500 $m\ell$ = 0,5 ℓ ✔
1,2 $h\ell$ = 120 ℓ ✔

Mineralwasser:	240 · 6 ✔ · 0,5 ℓ =	720 ℓ ✔
Apfelschorle:	360 · 1,5 ℓ =	540 ℓ ✔
Limonade:	14 · 120 ℓ =	1 680 ℓ ✔
Masse der Palette:		2 940 ℓ ✔

2 940 $\ell \triangleq$ 2 940 kg ✔

Masse über der maximalen Zuladung:
2,3 t = 2 300 kg ✔
2 940 kg − 2 300 kg = 640 kg ✔

Er hat die maximale Zuladung um 640 kg überschritten.

b
1 Fass Limonade	$\triangleq$	120 kg
5 Fässer Limonade	$\triangleq$	600 kg
6 Fässer Limonade	$\triangleq$	720 kg

Herr Hübenbecker muss 6 Fässer ✔ Limonade von der Palette rollen.

Textaufgaben aus der Geometrie

Erkennbare Flächen: Quadrate, Rechtecke, Dreiecke, Kreis, Vielecke, zusammengesetzte Flächen

95

a $A = a \cdot b$
$A = 4\,\text{cm} \cdot 3\,\text{cm}$
$A = 12\,\text{cm}^2$

$u = 2a + 2b$
$u = 2 \cdot 4\,\text{cm} + 2 \cdot 3\,\text{cm}$
$u = 8\,\text{cm} + 6\,\text{cm}$
$u = 14\,\text{cm}$

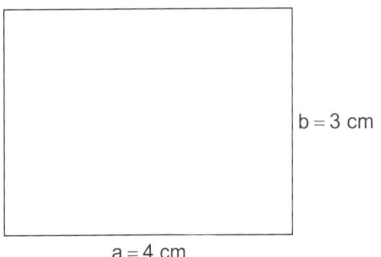

b = 3 cm

a = 4 cm

b $A = a \cdot b$
$A = 6\,\text{cm} \cdot 2\,\text{cm}$
$A = 12\,\text{cm}^2$

$u = 2a + 2b$
$u = 2 \cdot 6\,\text{cm} + 2 \cdot 2\,\text{cm}$
$u = 4\,\text{cm} + 12\,\text{cm}$
$u = 16\,\text{cm}$

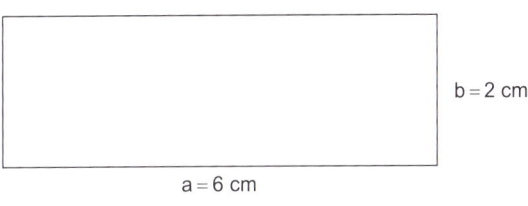

b = 2 cm

a = 6 cm

c $A = a \cdot b$
$A = 5\,\text{cm} \cdot 3\,\text{cm}$
$A = 15\,\text{cm}^2$

$u = 2a + 2b$
$u = 2 \cdot 5\,\text{cm} + 2 \cdot 3\,\text{cm}$
$u = 10\,\text{cm} + 6\,\text{cm}$
$u = 16\,\text{cm}$

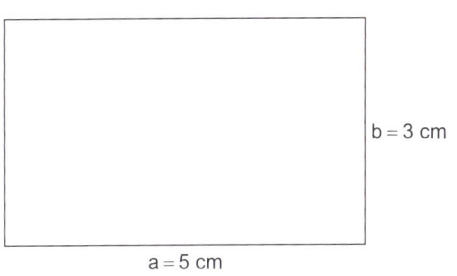

b = 3 cm

a = 5 cm

d $A = a \cdot b$
$A = 7\,\text{cm} \cdot 1\,\text{cm}$
$A = 7\,\text{cm}^2$

$u = 2a + 2b$
$u = 2 \cdot 7\,\text{cm} + 2 \cdot 1\,\text{cm}$
$u = 14\,\text{cm} + 2\,\text{cm}$
$u = 16\,\text{cm}$

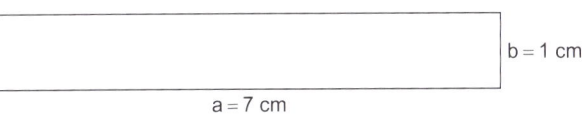

b = 1 cm

a = 7 cm

Bei den Teilaufgaben a und b ist der Flächeninhalt gleich, bei den Teilaufgaben b, c und d der Umfang.

96 **a** Dreieck **E** und Dreieck **H** werden umgelegt.

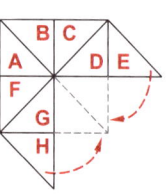

b Dreieck **A** und Dreieck **B** oder Dreieck **G** und Dreieck **H** werden umgelegt.

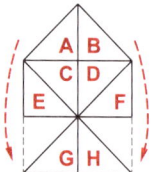 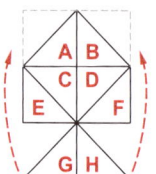

97 Dreieck A:
$g = 3,6$ cm; $h = 2,7$ cm

$$A_A = \frac{g \cdot h}{2}$$

$$A_A = \frac{3,6 \text{ cm} \cdot 2,7 \text{ cm}}{2}$$

$$A_A = 4,86 \text{ cm}^2$$

Dreieck B:
$g = 5,4$ cm; $h = 1,8$ cm

$$A_B = \frac{g \cdot h}{2}$$

$$A_B = \frac{5,4 \text{ cm} \cdot 1,8 \text{ cm}}{2}$$

$$A_B = 4,86 \text{ cm}^2$$

Dreieck C:
$g = 1,8$ cm; $h = 7,2$ cm

$$A_C = \frac{g \cdot h}{2}$$

$$A_C = \frac{1,8 \text{ cm} \cdot 7,2 \text{ cm}}{2}$$

$$A_C = 6,48 \text{ cm}^2$$

Dreieck D:
$g = 2,7$ cm; $h = 3,6$ cm

$$A_D = \frac{g \cdot h}{2}$$

$$A_D = \frac{2,7 \text{ cm} \cdot 3,6 \text{ cm}}{2}$$

$$A_D = 4,86 \text{ cm}^2$$

Dreieck E:
$g = 3,6$ cm; $h = 3,6$ cm

$$A_E = \frac{g \cdot h}{2}$$

$$A_E = \frac{3,6 \text{ cm} \cdot 3,6 \text{ cm}}{2}$$

$$A_E = 6,48 \text{ cm}^2$$

Die Dreiecke A, B und D sowie die Dreiecke C und E haben den gleichen Flächeninhalt.

98 Parallelogramm A:
$g = 2,5$ cm; $h = 2,7$ cm

$A_A = g \cdot h$

$A_A = 2,5 \text{ cm} \cdot 2,7 \text{ cm}$

$A_A = 6,75 \text{ cm}^2$

Parallelogramm B:
$g = 2,5$ cm; $h = 2,7$ cm

$A_B = g \cdot h$

$A_B = 2,5 \text{ cm} \cdot 2,7 \text{ cm}$

$A_B = 6,75 \text{ cm}^2$

Parallelogramm C:
$g = 2,5$ cm; $h = 2,7$ cm

$A_C = g \cdot h$

$A_C = 2,5 \text{ cm} \cdot 2,7 \text{ cm}$

$A_C = 6,75 \text{ cm}^2$

Die 3 Parallelogramme besitzen den gleichen Flächeninhalt, weil die Grundseite und die Höhe jeweils die gleiche Länge haben.

Hast du's gewusst?

99

a $a = 30$ cm; $b = 20$ cm; $c = 15$ cm

$V = a \cdot b \cdot c$
$V = 30 \text{ cm} \cdot 20 \text{ cm} \cdot 15 \text{ cm}$
$V = 9\,000 \text{ cm}^3$

$O = 2ab + 2ac + 2bc$
$O = 2 \cdot 30 \text{ cm} \cdot 20 \text{ cm} + 2 \cdot 30 \text{ cm} \cdot 15 \text{ cm} + 2 \cdot 20 \text{ cm} \cdot 15 \text{ cm}$
$O = 1\,200 \text{ cm}^2 + 900 \text{ cm}^2 + 600 \text{ cm}^2$
$O = 2\,700 \text{ cm}^2$

b $a = 60$ cm; $b = 30$ cm; $c = 15$ cm

$V = a \cdot b \cdot c$
$V = 60 \text{ cm} \cdot 30 \text{ cm} \cdot 15 \text{ cm}$
$V = 27\,000 \text{ cm}^3$

$O = 2ab + 2ac + 2bc$
$O = 2 \cdot 60 \text{ cm} \cdot 30 \text{ cm} + 2 \cdot 60 \text{ cm} \cdot 15 \text{ cm} + 2 \cdot 30 \text{ cm} \cdot 15 \text{ cm}$
$O = 3\,600 \text{ cm}^2 + 1\,800 \text{ cm}^2 + 900 \text{ cm}^2$
$O = 6\,300 \text{ cm}^2$

100

Seite a	1 cm	2 cm	3 cm	**4 cm**	**6 cm**	4 cm	8 cm
Seite b	10 cm	**9 cm**	**8 cm**	7 cm	5 cm	**7 cm**	**3 cm**

101

a

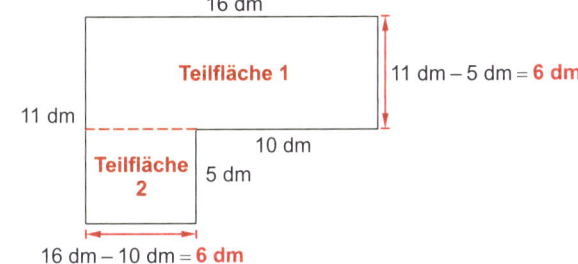

Zerlege in 2 Teilflächen.
Eine weitere mögliche Zerlegung wäre:

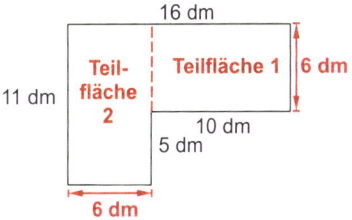

Teilfläche 1:
$a = 16$ dm; $b = 6$ dm
$A_1 = a \cdot b$
$A_1 = 16 \text{ dm} \cdot 6 \text{ dm}$
$A_1 = 96 \text{ dm}^2$

Teilfläche 2:
$a = 6$ dm; $b = 5$ dm
$A_2 = a \cdot b$
$A_2 = 6 \text{ dm} \cdot 5 \text{ dm}$
$A_2 = 30 \text{ dm}^2$

Flächeninhalt der zusammengesetzten Fläche:
$A = 96 \text{ dm}^2 + 30 \text{ dm}^2$
$A = 126 \text{ dm}^2$

b

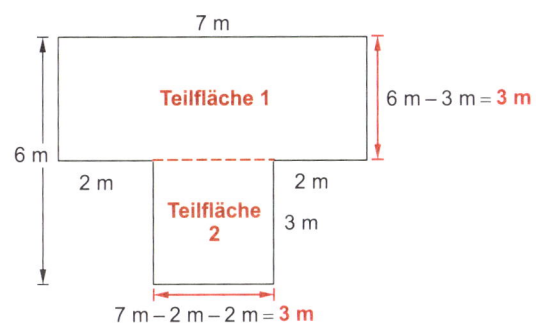

Zerlege in 2 Teilflächen.

Hast du's gewusst?

Teilfläche 1:
a = 7 m; b = 3 m

$A_1 = a \cdot b$
$A_1 = 7 \, m \cdot 3 \, m$
$A_1 = 21 \, m^2$

Teilfläche 2:
a = 3 m (Quadrat)

$A_2 = a \cdot a$
$A_2 = 3 \, m \cdot 3 \, m$
$A_2 = 9 \, m^2$

Flächeninhalt der zusammengesetzten Fläche:
$A = 21 \, m^2 + 9 \, m^2$
$A = 30 \, m^2$

102 **a** Flächeninhalt eines Quadrates:
$448 \, cm^2 : 7 = 64 \, cm^2$

b Seitenlänge des Quadrates:
$$A = a \cdot a$$
$$64 \, cm^2 = a \cdot a$$
$$a = 8 \, cm$$

Seitenlängen der Figur:
a = 8 cm
b = 7 · 8 cm = 56 cm

Umfang der Figur:
u = 2a + 2b
u = 2 · 8 cm + 2 · 56 cm
u = 16 cm + 112 cm
u = 128 cm

103 **a**

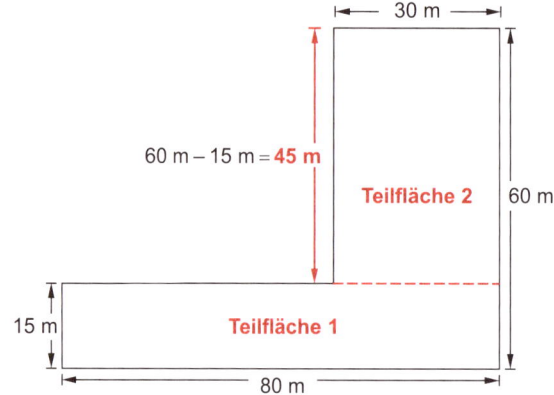

b Teilfläche 1:
a = 80 m; b = 15 m

$A_1 = a \cdot b$
$A_1 = 80 \, m \cdot 15 \, m$
$A_1 = 1\,200 \, m^2$

Teilfläche 2:
a = 45 m; b = 30 m

$A_2 = a \cdot b$
$A_2 = 45 \, m \cdot 30 \, m$
$A_2 = 1\,350 \, m^2$

Flächeninhalt der zusammengesetzten Fläche:
$A = 1\,200 \, m^2 + 1\,350 \, m^2$
$A = 2\,550 \, m^2$

Zerlege die zusammengesetzte Fläche in berechenbare Teilflächen. Die zu asphaltierende Fläche setzt sich aus **2 Rechtecken** zusammen.

oder:

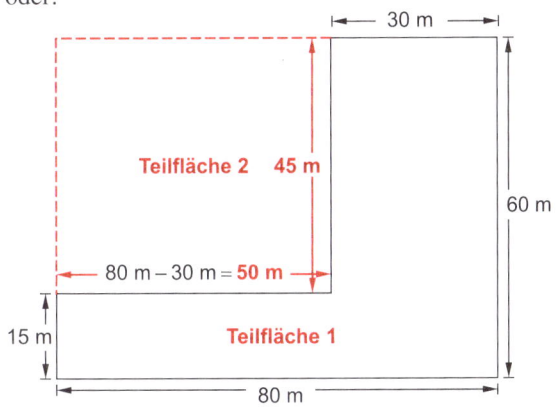

Ergänze zu einem großen Rechteck.

Teilfläche 1:

$a = 80$ m; $b = 60$ m

$A_1 = a \cdot b$
$A_1 = 80$ m $\cdot 60$ m
$A_1 = 4\,800$ m^2

Teilfläche 2:

$a = 50$ m; $b = 45$ m

$A_2 = a \cdot b$
$A_2 = 50$ m $\cdot 45$ m
$A_2 = 2\,250$ m^2

Flächeninhalt der zu asphaltierenden Fläche:

$A = 4\,800$ m$^2 - 2\,250$ m^2
$A = 2\,550$ m^2

Du musst Teilfläche 2 hier **subtrahieren**.

c $2\,550 \cdot 17$ € $= 43\,350$ €

1 m^2 kostet 17 €.

Das Asphaltieren des gesamten Parkplatzes kostet 43 350 €.

104 Skizze:

Die Anzahl der Zuschauer sowie die Anzahl der Spiele sind für die Lösung der Aufgabe **unwichtig**. Gesucht ist der Flächeninhalt der Rasenfläche. Dabei handelt es sich um ein **Rechteck**.

$a = 110$ m; $b = 80$ m

$A = a \cdot b$
$A = 110$ m $\cdot 80$ m
$A = 8\,800$ m^2

Es müssen Rasensamen für 8 800 m^2 gekauft werden.

105 a Grundstück A:

$a = 30$ m (Quadrat)

$A_A = a \cdot a$
$A_A = 30$ m $\cdot 30$ m
$A_A = 900$ m^2

Gesucht ist ein Grundstück, das im Budget der Familie liegt. Berechne dazu zunächst den jeweiligen **Flächeninhalt**.

Kaufpreis für Grundstück A:
$900 \cdot 85$ € $= 76\,500$ €

Grundstück B:
a = 33 m; b = 28 m
$A_B = a \cdot b$
$A_B = 33 \text{ m} \cdot 28 \text{ m}$
$A_B = 924 \text{ m}^2$

Kaufpreis für Grundstück B:
924 · 84 € = 77 616 €

Grundstück C:

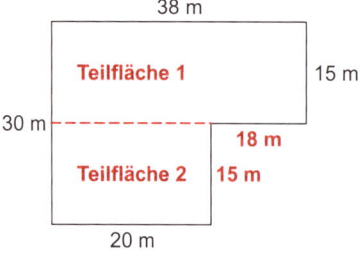

Das Grundstück setzt sich aus **2 Rechtecken** zusammen.

Teilfläche 1:
a = 38 m; b = 15 m
$A_1 = a \cdot b$
$A_1 = 38 \text{ m} \cdot 15 \text{ m}$
$A_1 = 570 \text{ m}^2$

Teilfläche 2:
a = 20 m; b = 15 m
$A_2 = a \cdot b$
$A_2 = 20 \text{ m} \cdot 15 \text{ m}$
$A_2 = 300 \text{ m}^2$

Flächeninhalt der zusammengesetzten Fläche:
$A_C = 570 \text{ m}^2 + 300 \text{ m}^2$
$A_C = 870 \text{ m}^2$

Kaufpreis für Grundstück C:
870 · 86 € = 74 820 €

Familie May sollte sich für Grundstück C entscheiden.

b Gritt sollte das Zimmer „Kind 1" wählen. Die Maße sind bei beiden Zimmern gleich, bei „Kind 2" fehlt jedoch links oben eine rechteckige Fläche.

c a = 2 m; b = 1,5 m
$A = a \cdot b$
$A = 2 \text{ m} \cdot 1,5 \text{ m}$
$A = 3 \text{ m}^2$

Der Sandkasten hat einen Flächeninhalt von 3 m².

Skizze:

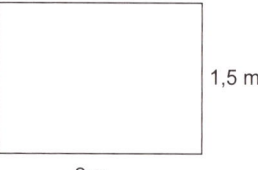

106 Fläche des Hühnerauslaufs:
a = 45 m; b = 20 m
$A = a \cdot b$
$A = 45 \text{ m} \cdot 20 \text{ m}$
$A = 900 \text{ m}^2$

Anzahl der Hühner:
900 m² : 4 m² = 225 (Hühner)

Herr Gürstlinger darf höchstens 225 Hühner halten.

Skizze:

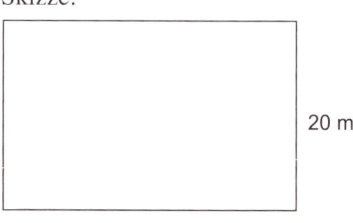

Hast du's gewusst?

107 **a** Fläche einer quadratischen Fliese:
$a = 30$ cm

$A = a \cdot a$
$A = 30$ cm $\cdot 30$ cm
$A = 900$ cm^2

Fläche des Arbeitszimmers (180 Fliesen):
900 cm$^2 \cdot 180 = 162\,000$ cm$^2 = 1\,620$ dm$^2 = 16{,}2$ m^2

Das Arbeitszimmer ist 16,2 m^2 groß.

Die Fläche von Zimmern wird in **m^2** angegeben.

b Fläche einer Holzdiele:
$a = 2$ m; $b = 30$ cm $= 0{,}3$ m

$A = a \cdot b$
$A = 2$ m $\cdot 0{,}3$ m
$A = 0{,}6$ m^2

Anzahl der Holzdielen:
1 Diele hat 0,6 m^2.
10 Dielen haben 6 m^2.
30 Dielen haben 18 m^2.

oder: 18 m$^2 : 0{,}6$ m$^2 = 30$

Es werden 30 Holzdielen benötigt.

c Fläche eines Deckenbrettes:
$a = 3$ m; $b = 20$ cm $= 0{,}2$ m

$A_D = a \cdot b$
$A_D = 3$ m $\cdot 0{,}2$ m
$A_D = 0{,}6$ m^2

Fläche der Wohnzimmerdecke:
$a = 6$ m; $b = 4$ m

$A_W = a \cdot b$
$A_W = 6$ m $\cdot 4$ m
$A_W = 24$ m^2

Anzahl der Deckenbretter:
1 Brett hat 0,6 m^2.
10 Dielen haben 6 m^2.
40 Dielen haben 24 m^2.

oder: 24 m$^2 : 0{,}6$ m$^2 = 40$

Die Familie muss mindestens 40 Deckenbretter kaufen.

108 Fläche des Fußbodens:
$a = 6$ m; $b = 4$ m

$A = a \cdot b$
$A = 6$ m $\cdot 4$ m
$A = 24$ m$^2 > 22$ m^2

Der Lagerbestand an Parkett reicht für den Fußboden nicht aus.

Umfang des Büros:

$u = 2a + 2b$

$u = 2 \cdot 6\,\text{m} + 2 \cdot 4\,\text{m}$

$u = 12\,\text{m} + 8\,\text{m}$

$u = 20\,\text{m}$

$20\,\text{m} - 2 \cdot 1{,}10\,\text{m} = 20\,\text{m} - 2{,}20\,\text{m} = 17{,}8\,\text{m} < 21\,\text{m}$

Der Lagerbestand an Sockelleisten reicht aus.

Die Sockelleiste geht an den Wänden des Büros entlang. Die **Türen** müssen ausgespart werden.

109 **a** Volumen des Aquariums:

a = 6 dm; b = 7,2 dm; c = 3 dm

$V = a \cdot b \cdot c$

$V = 6\,\text{dm} \cdot 7{,}2\,\text{dm} \cdot 3\,\text{dm}$

$V = 129{,}6\,\text{dm}^3 = 129{,}6\,\ell$

b $129{,}6\,\ell : 12\,\ell = 10{,}8\,(\text{min}) = 10\,\text{min}\,48\,\text{s}$

Es dauert 10 min 48 s, bis das Aquarium voll ist.

Pro Minute fließen 12 ℓ ein.

110 **a** $V = 6\,300\,\text{cm}^3$; b = 18 cm; c = 10 cm

$$V = a \cdot b \cdot c$$

$$6\,300\,\text{cm}^3 = a \cdot 18\,\text{cm} \cdot 10\,\text{cm}$$

$$6\,300\,\text{cm}^3 = a \cdot 180\,\text{cm}^2$$

$$6\,300\,\text{cm}^3 : 180\,\text{cm}^2 = a$$

$$a = 35\,\text{cm}$$

Die Schuhe dürfen maximal 35 cm lang sein.

Die Teilaufgabe a kannst du mit einer **Umkehraufgabe** lösen.
Setze dazu die bekannten Werte in die Formel ein.

b individuelle Lösungen

111 **a** Rauminhalt der Verpackung für H-Milch:

a = 9 cm; b = 6 cm; c = 19 cm

$V = a \cdot b \cdot c$

$V = 9\,\text{cm} \cdot 6\,\text{cm} \cdot 19\,\text{cm}$

$V = 1\,026\,\text{cm}^3$

$1\,\ell = 1\,\text{dm}^3 = 1\,000\,\text{cm}^3$

Rauminhalt der Verpackung für Frischmilch:

a = 7 cm; b = 7 cm; c = 21 cm

$V = a \cdot b \cdot c$

$V = 7\,\text{cm} \cdot 7\,\text{cm} \cdot 21\,\text{cm}$

$V = 1\,029\,\text{cm}^3$

Bei der Verpackung für H-Milch bleiben $1\,026\,\text{cm}^3 - 1\,000\,\text{cm}^3 = 26\,\text{cm}^3$ ohne Füllung, bei der Verpackung für Frischmilch $1\,029\,\text{cm}^3 - 1\,000\,\text{cm}^3 = 29\,\text{cm}^3$.

b Oberfläche der Verpackung für H-Milch:

a = 9 cm; b = 6 cm; c = 19 cm

$O = 2ab + 2ac + 2bc$

$O = 2 \cdot 9\,\text{cm} \cdot 6\,\text{cm} + 2 \cdot 9\,\text{cm} \cdot 19\,\text{cm} + 2 \cdot 6\,\text{cm} \cdot 19\,\text{cm}$

$O = 108\,\text{cm}^2 + 342\,\text{cm}^2 + 228\,\text{cm}^2$

$O = 678\,\text{cm}^2$

Hast du's gewusst?

Oberfläche der Verpackung für Frischmilch:
a = 7 cm; b = 7 cm; c = 21 cm

$O = 2ab + 2ac + 2bc$
$O = 2 \cdot 7 \text{ cm} \cdot 7 \text{ cm} + 2 \cdot 7 \text{ cm} \cdot 21 \text{ cm} + 2 \cdot 7 \text{ cm} \cdot 21 \text{ cm}$
$O = 98 \text{ cm}^2 + 294 \text{ cm}^2 + 294 \text{ cm}^2$
$O = 686 \text{ cm}^2$

Für die Verpackung von H-Milch werden 678 cm² Verbundkarton benötigt, für die Verpackung von Frischmilch 686 cm².

112

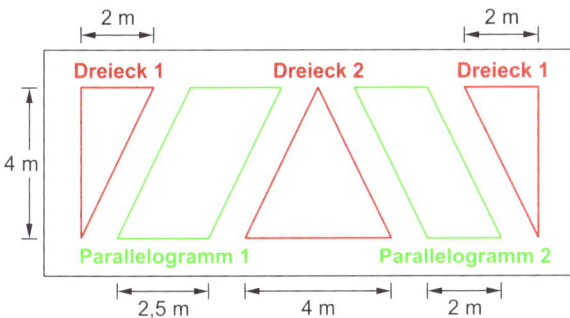

Die Schaufensterscheiben haben die Form von **Dreiecken** und **Parallelogrammen**.

Flächeninhalte der Teilflächen:

Dreieck 1:
g = 2 m; h = 4 m
$A_{D1} = \dfrac{g \cdot h}{2}$
$A_{D1} = \dfrac{2 \text{ m} \cdot 4 \text{ m}}{2}$
$A_{D1} = 4 \text{ m}^2$

Dreieck 2:
g = 4 m; h = 4 m
$A_{D2} = \dfrac{g \cdot h}{2}$
$A_{D2} = \dfrac{4 \text{ m} \cdot 4 \text{ m}}{2}$
$A_{D2} = 8 \text{ m}^2$

Parallelogramm 1:
g = 2,5 m; h = 4 m
$A_{P1} = g \cdot h$
$A_{P1} = 2,5 \text{ m} \cdot 4 \text{ m}$
$A_{P1} = 10 \text{ m}^2$

Parallelogramm 2:
g = 2 m; h = 4 m
$A_{P2} = g \cdot h$
$A_{P2} = 2 \text{ m} \cdot 4 \text{ m}$
$A_{P2} = 8 \text{ m}^2$

Gesamtfläche der Schaufensterscheiben:
$A = 2 \cdot 4 \text{ m}^2 + 8 \text{ m}^2 + 10 \text{ m}^2 + 8 \text{ m}^2$
$A = 34 \text{ m}^2$

oder:

Die Einzelflächen ergeben „zusammengeschoben" ein Rechteck mit
a = 2,5 m + 4 m + 2 m = 8,5 m und b = 4 m.

$A = a \cdot b$
$A = 8,5 \text{ m} \cdot 4 \text{ m}$
$A = 34 \text{ m}^2$

Kosten für das Verbundsicherheitsglas:
34 · 85 € = 2 890 €   1 m² kostet 85 €.

Das Glas für die Schaufenster kommt auf 2 890 €.

113 Der Mann ist ca. 1,80 m groß. Die ausgebreiteten Arme sind ebenfalls 1,80 m lang.

Höhe des Containers:
Der Container ist knapp doppelt so hoch wie der Mann, also ca. 3 m.

Breite des Containers:
Legt man den Mann in Gedanken quer zur Breite des Containers, so fehlt noch ein kleines Stück. Die Breite des Containers beträgt ca. 2 m.

Länge des Containers:
Die ausgebreiteten Arme des Mannes decken
6 Verstrebungen ab.

$$\cdot 7 \left(\begin{array}{ccc} 6 \text{ Verstrebungen} & \stackrel{\triangle}{=} & 1,80 \text{ m} \\ 42 \text{ Verstrebungen} & \stackrel{\triangle}{=} & 12,6 \text{ m} \end{array} \right) \cdot 7$$

Die Länge des Containers kann man aufgrund der Verzerrung nicht direkt bestimmen. Daher zählt man die senkrechten **Verstrebungen** an der Seite des Containers (insgesamt 42 Stück).

Volumen des Containers:
$a = 3$ m; $b = 2$ m; $c = 12,6$ m
$V = a \cdot b \cdot c$
$V = 3 \text{ m} \cdot 2 \text{ m} \cdot 12,6 \text{ m}$
$V = 75,6 \text{ m}^3$

Der Container hat ungefähr ein Volumen von 76 m^3.

114 a Skizze:

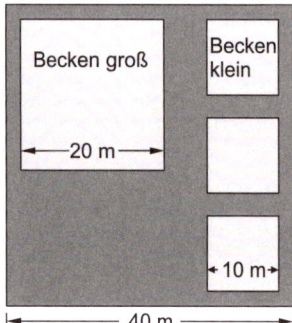

b Flächeninhalt der quadratischen Schwimmhalle:
$a = 40$ m
$A_H = a \cdot a$
$A_H = 40 \text{ m} \cdot 40 \text{ m}$
$A_H = 1\,600 \text{ m}^2$

Vom Flächeninhalt der gesamten Halle muss der Flächeninhalt der 4 Becken **subtrahiert** werden.

Flächeninhalt des großen quadratischen Beckens:
$a = 20$ m
$A_{Bg} = a \cdot a$
$A_{Bg} = 20 \text{ m} \cdot 20 \text{ m}$
$A_{Bg} = 400 \text{ m}^2$

Flächeninhalt der 3 kleinen quadratischen Becken:
$a = 10$ m
$A_{Bk} = 3 \cdot a \cdot a$
$A_{Bk} = 3 \cdot 10 \text{ m} \cdot 10 \text{ m}$
$A_{Bk} = 300 \text{ m}^2$

Flächeninhalt der zu fliesenden Fläche:
$1\,600\ \text{m}^2 - 400\ \text{m}^2 - 300\ \text{m}^2 = 900\ \text{m}^2$

Es werden 900 m² Fliesen benötigt.

115 Skizze:

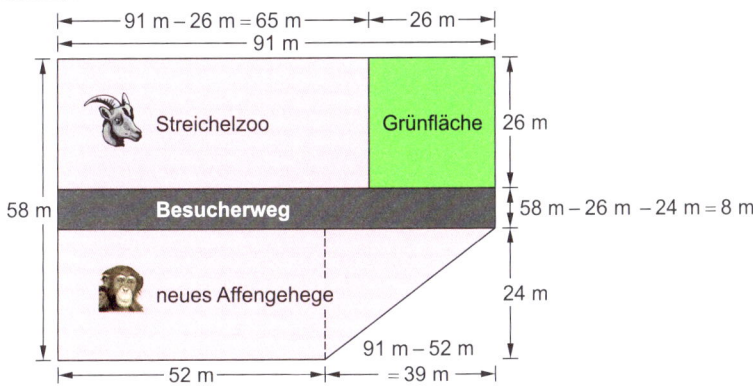

a Flächeninhalt der quadratischen Grünfläche:
$a = 26$ m

$A = a \cdot a$
$A = 26$ m $\cdot\ 26$ m
$A = 676\ \text{m}^2 = 6,76$ a   1 a = 100 m²

Für 6,76 a benötigt man 7 Kartons Rasensamen:
$37,60\ € \cdot 7 = 263,20\ €$

Das Anlegen des Rasens kostet 263,20 €.

b Umfang des Streichelzoos:
$a = 65$ m; $b = 26$ m   Entnimm die Maße der ergänzten **Skizze**.

$u = 2a + 2b$
$u = 2 \cdot 65$ m $+ 2 \cdot 26$ m
$u = 130$ m $+ 52$ m
$u = 182$ m

Es werden 182 m Zaun benötigt.

c Flächeninhalt des rechteckigen Besucherweges:
$a = 91$ m; $b = 8$ m   Entnimm die Maße der ergänzten **Skizze**.

$A_W = a \cdot b$
$A_W = 91$ m $\cdot\ 8$ m
$A_W = 728\ \text{m}^2$

Fläche einer Bodenplatte:
$a = 1$ m; $b = 5$ dm $= 0,5$ m

$A_P = a \cdot b$
$A_P = 1$ m $\cdot\ 0,5$ m
$A_P = 0,5\ \text{m}^2$

Anzahl der benötigten Platten:
$728\ \text{m}^2 : 0,5\ \text{m}^2 = 1\,456$

Es werden mindestens 1 456 Platten benötigt.

Hast du's gewusst?

d Flächeninhalt der rechteckigen Teilfläche:

$a = 52$ m; $b = 24$ m

$A_R = a \cdot b$

$A_R = 52$ m $\cdot 24$ m

$A_R = 1\,248$ m^2

Fläche der dreieckigen Teilfläche:

$g = 39$ m; $h = 24$ m

$A_D = \dfrac{g \cdot h}{2}$

$A_D = \dfrac{39 \text{ m} \cdot 24 \text{ m}}{2}$

$A_D = 468$ m^2

Flächeninhalt des neuen Affengeheges:

$A = 1\,248$ m$^2 + 468$ m^2

$A = 1\,716$ m^2

200 m^2 Auslauf für 1 Kapuziner-Äffchen

1 600 m^2 Auslauf für 8 Kapuziner-Äffchen

1 800 m^2 Auslauf für 9 Kapuziner-Äffchen

oder: $1\,716$ m$^2 : 200$ m$^2 = 8{,}58$

Im neuen Affengehege können 8 Kapuziner-Äffchen wohnen.

Die Fläche des Affengeheges setzt sich aus einem **Rechteck** und einem **Dreieck** zusammen.

116 **a** Skizze:

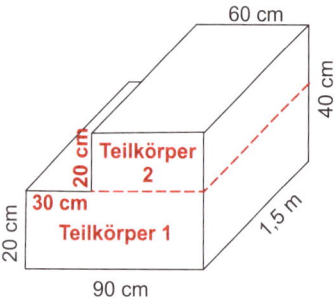

Zerlege den zusammengesetzten Körper in berechenbare Teilkörper, z. B. in **2 Quader**.

Volumen des Teilkörpers 1:

$a = 90$ cm $= 9$ dm

$b = 20$ cm $= 2$ dm

$c = 1{,}5$ m $= 15$ dm

$V_1 = a \cdot b \cdot c$

$V_1 = 9$ dm $\cdot 2$ dm $\cdot 15$ dm

$V_1 = 270$ dm^3

Volumen des Teilkörpers 2:

$a = 60$ cm $= 6$ dm

$b = 20$ cm $= 2$ dm

$c = 1{,}5$ m $= 15$ dm

$V_2 = a \cdot b \cdot c$

$V_2 = 6$ dm $\cdot 2$ dm $\cdot 15$ dm

$V_2 = 180$ dm^3

Das Ergebnis soll in dm^3 angegeben werden. Wandle daher alle Längenangaben in dm um.

Volumen des zusammengesetzten Körpers:
$V = 270 \text{ dm}^3 + 180 \text{ dm}^3$
$V = 450 \text{ dm}^3$

Es werden 450 dm^3 Beton benötigt.

b $450 \cdot 3 \text{ kg} = 1\,350 \text{ kg}$

1 dm^3 wiegt 3 kg.

Der Treppenabsatz hat eine Masse von 1 350 kg.

c Flächeninhalt der beiden Vorderflächen:
$a = 20 \text{ cm} = 2 \text{ dm}$
$b = 1,5 \text{ m} = 15 \text{ dm}$

$A_1 = 2 \cdot a \cdot b$
$A_1 = 2 \cdot 2 \text{ dm} \cdot 15 \text{ dm}$
$A_1 = 60 \text{ dm}^2$

Es müssen **4 Rechtecke** gefliest werden (siehe Skizze). Die Rechtecke an den Vorderseiten der Stufen haben den gleichen Flächeninhalt.

Flächeninhalt der unteren Trittfläche:
$a = 30 \text{ cm} = 3 \text{ dm}$
$b = 1,5 \text{ m} = 15 \text{ dm}$

$A_2 = a \cdot b$
$A_2 = 3 \text{ dm} \cdot 15 \text{ dm}$
$A_2 = 45 \text{ dm}^2$

Flächeninhalt der oberen Trittfläche:
$a = 60 \text{ cm} = 6 \text{ dm}$
$b = 1,5 \text{ m} = 15 \text{ dm}$

$A_3 = a \cdot b$
$A_3 = 6 \text{ dm} \cdot 15 \text{ dm}$
$A_3 = 90 \text{ dm}^2$

Zu fliesende Fläche mit 10 dm^2 Verschnitt:
$A = 60 \text{ dm}^2 + 45 \text{ dm}^2 + 90 \text{ dm}^2 + 10 \text{ dm}^2$
$A = 205 \text{ dm}^2$

Es werden 205 dm^2 Fliesen benötigt.

d Baukosten des Treppenabsatzes:

Fliesen:
$205 \text{ dm}^2 = 2,05 \text{ m}^2$
$2,05 \cdot 38 \text{ €} = 77,90 \text{ €}$

Beton:
$450 \text{ dm}^3 = 0,45 \text{ m}^3$
$0,45 \cdot 300 \text{ €} = 135 \text{ €}$

Gesamtkosten:
$77,90 \text{ €} + 135 \text{ €} + 315 \text{ €} = 527,90 \text{ €}$

Frau Forche muss 527,90 € für ihren neuen Treppenabsatz bezahlen.

Test 5

Mögliche halbe bzw. ganze Punkte sind durch halbe (✓) bzw. ganze (✓) Häkchen gekennzeichnet. Bei fehlenden Antwortsätzen wird ein halber Punkt abgezogen.

1 **a** Quadrat:
$A = a \cdot a$
$A = 12 \text{ cm} \cdot 12 \text{ cm}$
$A = 144 \text{ cm}^2$ ✓

b Rechteck:
$A = a \cdot b$
$112 \text{ dm}^2 = 14 \text{ dm} \cdot b$
$b = 8 \text{ dm}$ ✓

c Quader:
$A = a \cdot b \cdot c$
$120 \text{ m}^3 = 5 \text{ m} \cdot 3 \text{ m} \cdot c$
$120 \text{ m}^3 = 15 \text{ m}^2 \cdot c$
$c = 8 \text{ m}$ ✓

2 **a** Flächeninhalt einer Buchseite:
$A = a \cdot b$
$A = 14 \text{ cm} \cdot 25 \text{ cm}$
$A = 350 \text{ cm}^2$ ✓ $= 3,5 \text{ dm}^2 = 0,035 \text{ m}^2$ ✓

Masse einer Buchseite:
$0,035 \cdot 90 \text{ g} = 3,15 \text{ g}$ ✓ $\approx 3 \text{ g}$ ✓

Ein Blatt in diesem Buch wiegt ca. 3 g.

b Masse der Seiten:
Das Buch hat 428 Seiten. Eine Seite wird vorne und hinten bedruckt. Das Buch hat also $428 : 2 = 214$ ✓ Blätter.

$214 \cdot 3 \text{ g} = 642 \text{ g}$ ✓

Gesamtmasse:
$642 \text{ g} + 60 \text{ g} = 702 \text{ g}$ ✓

Das Buch ist 702 g schwer.

c 32 Bücher in einem Karton:
$32 \cdot 702 \text{ g} = 22\,464 \text{ g}$ ✓

42 Kartons auf einer Palette:
$42 \cdot 22\,464 \text{ g} = 943\,488 \text{ g}$ ✓ $= 943,488 \text{ kg} = 0,943488 \text{ t} \approx 1 \text{ t}$ ✓

Eine Palette wiegt rund eine Tonne.

3 Umfang des rechteckigen Raumes:
$a = 4,30 \text{ m}; \ b = 3,40 \text{ m}$
$u = 2a + 2b$
$u = 2 \cdot 4,30 \text{ m} + 2 \cdot 3,40 \text{ m}$
$u = 8,60 \text{ m} + 6,80 \text{ m}$
$u = 15,40 \text{ m}$ ✓

Länge ohne Tür:
$15,40 \text{ m} - 1 \text{ m} = 14,40 \text{ m}$ ✓

insgesamt benötigte Länge der Bodenleisten:
$14,40 \text{ m} + 1,20 \text{ m} = 15,60 \text{ m}$ ✓

$120 \text{ cm} = 1,2 \text{ m}$

Herr Weidinger benötigt 15,60 m Bodenleisten.

4

a Höhe: 30 mm ✔; Breite: 30 mm ✔; Länge: 30 mm ✔   Ein Würfel hat 3 **gleich lange** Kanten.

Die Flasche besteht aus einem Quader mit aufgesetztem Würfel.

b Volumen des Quaders:

$a = 90$ mm $= 9$ cm

$b = 30$ mm $= 3$ cm

$c = 60$ mm $= 6$ cm

$V_Q = a \cdot b \cdot c$

$V_Q = 9$ cm $\cdot 3$ cm $\cdot 6$ cm

$V_Q = 162$ cm^3 ✔

Volumen des Würfels:

$a = 30$ mm $= 3$ cm

$V_W = a \cdot a \cdot a$

$V_W = 3$ cm $\cdot 3$ cm $\cdot 3$ cm

$V_W = 27$ cm^3 ✔

Volumen der Flasche:

$V = 162$ cm$^3 + 27$ cm^3

$V = 189$ cm^3 ✔ $= 189$ $m\ell$ ✔ 1 $m\ell = 1$ cm^3

Es passen 189 $m\ell$ Parfüm in die Flasche, wenn sie randvoll gefüllt wird.

c 175,5 cm^3 Parfüm werden eingefüllt, 162 cm^3 befinden sich im quaderförmigen Teil.

Inhalt im würfelförmigen Aufsatz:

175,5 cm^3 – 162 cm$^3 = 13,5$ cm^3 ✔

Höhe des Parfüms im Aufsatz:

$V = 13,5$ cm^3; $a = 3$ cm; $a = 3$ cm, $h = ?$

$V = a \cdot a \cdot h$ ✔

13,5 cm$^3 = 3$ cm $\cdot 3$ cm $\cdot h$

13,5 cm$^3 = 9$ cm$^2 \cdot h$

$h = 1,5$ cm ✔

Das Parfüm steht 1,5 cm hoch im würfelförmigen Aufsatz.

Test 6

Mögliche halbe bzw. ganze Punkte sind durch halbe (✔) bzw. ganze (✔) Häkchen gekennzeichnet. Bei fehlenden Antwortsätzen wird ein halber Punkt abgezogen.

1

Volumen eines Kartons:

Grundfläche: 1 600 cm^2; Höhe: 50 cm

$V_K = 1\,600$ cm$^2 \cdot 50$ cm

$V_K = 80\,000$ cm^3 ✔ $= 80$ dm^3 ✔

Volumen des Containers:

$a = 12$ m; $b = 2,6$ m; $c = 2,5$ m

$V_C = a \cdot b \cdot c$

$V_C = 12$ m $\cdot 2,6$ m $\cdot 2,5$ m

$V_C = 78$ m^3 ✔ $= 78\,000$ dm^3 ✔

Anzahl der Kartons im Container:
$78\,000\;dm^3 : 80\;dm^3 = 975$ ✔

Es passen 975 Kartons in den Container.

2 a

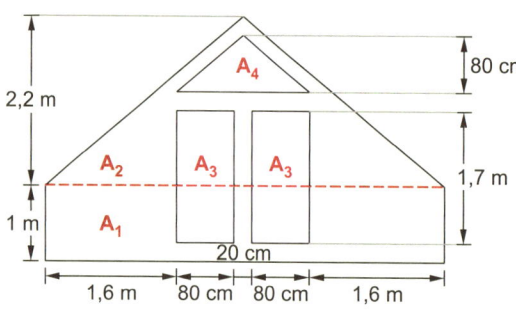

Zerlege die Fassade in berechenbare Teilflächen.

Flächeninhalt des Rechtecks:
$a = 1,6\;m + 0,8\;m + 0,2\;m + 0,8\;m + 1,6\;m = 5\;m$
$b = 1\;m$

$A_1 = a \cdot b$
$A_1 = 5\;m \cdot 1\;m$
$A_1 = 5\;m^2$ ✔

Flächeninhalt des Dreiecks:
$g = 5\;m;\; h = 2,2\;m$

$A_2 = \dfrac{g \cdot h}{2}$

$A_2 = \dfrac{5\;m \cdot 2,2\;m}{2}$

$A_2 = 5,5\;m^2$ ✔

Flächeninhalt eines rechteckigen Fensters:
$a = 80\;cm = 0,8\;m$
$b = 1,7\;m$

$A_3 = a \cdot b$
$A_3 = 0,8\;m \cdot 1,7\;m$
$A_3 = 1,36\;m^2$ ✔

Flächeninhalt des dreieckigen Fensters:
$g = 0,8\;m + 0,2\;m + 0,8\;m = 1,8\;m$
$h = 80\;cm = 0,8\;m$

$A_4 = \dfrac{g \cdot h}{2}$

$A_4 = \dfrac{1,8\;m \cdot 0,8\;m}{2}$

$A_4 = 0,72\;m^2$ ✔

Zu streichende Fläche der Fassade:

$$A = \underbrace{A_1 + A_2}_{\substack{\text{Flächeninhalt} \\ \text{der Fassade}}} - \underbrace{(2 \cdot A_3 + A_4)}_{\substack{\text{Flächeninhalt} \\ \text{der Fenster}}}$$

$A = 5\,m^2 + 5,5\,m^2 - (2 \cdot 1,36\,m^2 + 0,72\,m^2)$

$A = 10,5\,m^2 - 3,44\,m^2$

$A = 7,06\,m^2$

Es werden 2 Eimer Farbe benötigt. Ein Eimer Außenfarbe reicht für 6 m².

b Zu streichende Fläche bei 2 Anstrichen:

$7,06\,m^2 \cdot 2 = 14,12\,m^2$

Es werden 3 Eimer Farbe benötigt. 2 Eimer reichen für 12 m².

Kosten für die Farbe:

$17,99\,€ \cdot 3 = 53,97\,€$

Es werden 53,97 € für Farbe ausgegeben.

c Glasfläche der gebrochenen Scheiben:

$\quad 0,72\,m^2 \quad$ dreieckiges Fenster

$\underline{+1,36\,m^2} \quad$ rechteckiges Fenster

$\quad 2,08\,m^2 \quad$ zu erneuernde Scheiben

Preis für die Scheiben:

$21,20\,€ \cdot 2,08 = 44,096\,€ \approx 44,10\,€$

Das Erneuern der Scheiben kommt auf 44,10 €.

3 **a** Flächeninhalt des Parallelogramms: Das Flächenstück, das für den Straßenbau

$g = 200\,m;\ h = 11\,m$ benötigt wird, hat die Form eines **Parallelogramms**.

$A = g \cdot h$

$A = 200\,m \cdot 11\,m$

$A = 2\,200\,m^2$

Entschädigung: Er bekommt 18 € pro m².

$2\,200 \cdot 18\,€ = 39\,600\,€$

Herr Sørensen bekommt 39 600 €.

b Flächeninhalt des Dreiecks: Das Flächenstück für das Feuchtbiotop hat

$g = 120\,m;\ h = 160\,m$ die Form eines **Dreiecks**.

$A = \dfrac{g \cdot h}{2}$

$A = \dfrac{120\,m \cdot 160\,m}{2}$

$A = 9\,600\,m^2$

Quadratmeterpreis:

$86\,400\,€ : 9\,600 = 9\,€$

Herr Sørensen verlangt 9 € pro Quadratmeter.

Hast du's gewusst?

c $a = 160$ m; $b = 120$ m; $c = 200$ m

$u = a + b + c$

$u = 160$ m $+ 120$ m $+ 200$ m

$u = 480$ m ✔

Anzahl der Zaunpfosten:

Abstand der Pfosten: 10 m

480 m : 10 m $= 48$ ✔

Die Länge der Einzäunung entspricht dem **Umfang** der dreieckigen Fläche.

Es werden 480 m Maschendrahtzaun benötigt. Da der Zaun einmal um die gesamte Fläche herum geht, ist der erste Pfosten gleichzeitig der letzte Pfosten und es werden daher genau 48 Pfosten benötigt.

Erfolgreich durch alle Klassen mit den **STARK** Reihen

Abschlussprüfung

Anhand von Original-Aufgaben die Prüfungssituation trainieren. Schülergerechte Lösungen helfen bei der Leistungskontrolle.

Training

Prüfungsrelevantes Wissen schülergerecht präsentiert. Übungsaufgaben mit Lösungen sichern den Lernerfolg.

Klassenarbeiten

Praxisnahe Übungen für eine gezielte Vorbereitung auf Klassenarbeiten.

STARK in Klassenarbeiten

Schülergerechtes Training wichtiger Themenbereiche für mehr Lernerfolg und bessere Noten.

Kompakt-Wissen

Kompakte Darstellung des prüfungsrelevanten Wissens zum schnellen Nachschlagen und Wiederholen.

Und vieles mehr auf www.stark-verlag.de

Abschluss in der Tasche – und dann?

In den **STARK** Ratgebern findest du alle Informationen für einen erfolgreichen Start in die berufliche Zukunft.

26-V_TRABs